Gabriele Meier

Magische Kräuterküche

GABRIELE MEIER

Magische Kräuterküche

Rituale und Rezepte
für das ganze Jahr

Sollte diese Publikation Links auf Webseiten Dritter enthalten, so übernehmen wir für deren Inhalte keine Haftung, da wir uns diese nicht zu eigen machen, sondern lediglich auf deren Stand zum Zeitpunkt der Erstveröffentlichung verweisen.

Verlagsgruppe Random House FSC® N001967

1. Auflage
Deutsche Erstausgabe

Neumarkter Str. 28, 81673 München
Lektorat: Angela Kuepper
Umschlaggestaltung und Layout: ki 36, Sabine Krohberger Bettina Stickel, Editorial Design, München
Bildredaktion: Anka Hartenstein & Tanja Zielezniak
Cover & Illustrationen: Lunare/creativemarket.com
Innenteil: Rezeptfotos: Maria Grossmann und Monika Schürle,
Foodstyling: Lukas Grossmann
Alle weiteren Bilder: Adobe Stock: 167 (andtam1); Ute Boeters: 317; istock: 22 (Marko Nikolic Photography), 29 (gehringj), 48 (Firmafotografen), 55 (Gitanna), 68 (catolla), 96 (Gaschwald), 102 (rudolfgeiger), 105 (annaia), 118 (TasiPas), 151 (Vaivirga), 185 (konradlew), 204 (tuu Sitthikorn), 228 (whitemay), 240 (swkunst), 249 (Whiteway), 257 (edufoto), 263 (asiandelight), 286 (TT), 291 (intek1), 300 (middelveld); Gabriele Meier: 18, 134, 180, 227; shutterstock: 32 (Madeleine Steinbach), 84 (Dignity 100), 176 (Artush), 198 (Ramanava Yauheniya), 209 (11A Fotografie), 243 (Fanfo);
Satz: Satzwerk Huber, Germering
Druck und Bindung: Print Consult
Printed in Slovak Republic
ISBN 978-3-424-63178-4
www.kailash-verlag.de

Inhalt

Beltane bis Lughnasadh – Zeit des Wachsens 97

Lughnasadh bis Samhain – Zeit der Ernte 181

Samhain bis Imbolc – Zeit der Dunkelheit und des Kräftesammelns 241

Vorwort

Seit meiner Kindheit faszinieren mich Kräuter. Ich sammelte die damals noch recht raren Kräuterbücher, holte mir mein erstes Wildgemüsewissen aus alten Pfadfinderschriften und testete meine Tees und Tinkturen an meinen Eltern. Die Liebe zur Magie hatte ich damals noch nicht entdeckt. Ich wusste zwar, dass meine Mutter des Kartenlegens kundig war, bei der Verabreichung von Tees stets einen Heilspruch aufsagte und alten Traditionen wie dem Osterwasserschöpfen folgte, nahm das aber alles nicht so ernst. Lange Zeit hielt ich es einfach für Aberglauben, der nicht mehr in unsere heutige Zeit passt.

Bis ich in eine wirklich ernste Krise geriet: Mein damaliger Partner neigte zur Gewalt, und ich sah mich gezwungen, von heute auf morgen Heim und Beziehung zu verlassen. Heimlich und mit der Hilfe einer Handvoll verständnisvoller Menschen. Auf die Idee, meinen Mann anzuzeigen oder gar ein Frauenhaus aufzusuchen, kam ich nicht. Mein Selbstwert war faktisch nicht vorhanden. Ich fürchtete seine Reaktion auf eine Anzeige und hielt mich für die Flucht in ein Frauenhaus nicht bedroht genug. Aus heutiger Sicht hätte ich anders gehandelt. Aber ich war allein und der Panik nahe, versteckte mich wochenlang in meiner neuen Wohnung, zog die Decke über den Kopf.

Um da wieder herauszukommen, versuchte ich mich an die Talente meiner Mutter zu erinnern. Zunächst übte ich mich im Kartenlegen. Das funktionierte! Ich mischte immer wieder neu, legte aus, doch die Aussage blieb gleich. Wie konnte das sein?

So detailreich wie meine Mutter habe ich das nicht hinbekommen, aber es war ein Anfang. Durch dieses Erlebnis aufgerüttelt, versuchte ich mich auch in anderen Wahrsagemethoden. Es klappte mit allen. Mein Weg in die Magie war geebnet. Ich wollte mehr wissen und ausprobieren. Studierte magische Systeme und alte Zauberbücher. Jetzt lernte ich auch Druiden und Hexen kennen. Letztere unterwiesen mich in der Magie einzelner Kräuter, und die Druiden lehrten mich den Umgang mit dem Alambic (Destillierapparat). Und ich lernte, dass man nur zuschauen und zuhören muss. Die Naturgeheimnisse offenbaren sich allen, die offenen Geistes sind. So fand ich meinen Weg. Komplizierte Rituale oder Formeln wollte ich nicht mehr lernen, sondern einfach alles der Natur ablauschen. Und dem Volk. Denn Volksmagie wurde schon immer betrieben. Die Weisheit unserer Ahnen lässt sich in alten Redewendungen und Sprichwörtern erschließen, Traditionen und Bräuche sind eine ebenso gute und verlässliche Quelle.

Als ich schließlich Mutter wurde und meine Kinder aus Kindergarten und Schule Krankheiten mitbrachten, von denen ich bis dahin noch nie etwas gehört hatte, schloss sich der Kreis. Ich lernte Bachblüten kennen und ließ mich in Reiki einweihen, eine hundert Jahre alte Lehre nach dem Japaner Mikao Usui, die durch das Auflegen der Hände Entspannung und Heilung bewirkt. Daran schloss sich eine Ausbildung zur Heilpraktikerin an. Schon während dieser merkte ich jedoch, dass das nicht mein Weg war. Ich wollte keine Heilpraxis eröffnen, in der ein Großteil der Patienten aus Menschen bestand, die von mir die Wunderpille erwarteten, die sie beim Arzt nicht kriegen konnten. Ich wollte mündige Menschen, die aktiv an ihrer Genesung mitarbeiten. Auch wenn das heißt, dass sie nicht so oft bei einer bekannten Fastfood-Kette essen dürfen.

Bei einem Urlaub in Südengland entdeckte ich dann meinen Traumberuf: Herbalistin! Oder auf Deutsch: Kräuterheilkundige. Leider darf ich diese Heilkunst in Deutschland nicht ausüben. Aber rebellisch machen kann ich die Menschen! Und in die Eigenverantwortung übergeben. Was ich mit Kräuterwanderungen und Workshops dann auch tat. Schließlich belegte ich einen Silva-Kurs. Diese von José Silva in den 1960er-Jahren entwickelte Methode zur Kontrolle der eigenen Gedanken kann auch zu Heilzwecken verwendet werden.

So konnte ich meiner Familie helfen. Bei kleinen Beschwerden, aber auch begleitend bei ernsteren Krankheiten. Ob Windpocken oder Magen-Darm-Probleme, die Genesungszeiten verkürzten sich deutlich. Meiner Mutter und mir halfen meine Pflanzenbegleiter sogar, wo sonst Chemotherapie oder Psychopharmaka zum Einsatz gekommen wären. Womit ich niemanden zu Selbstversuchen bei schweren Erkrankungen auffordern möchte. Der Gang zum Arzt ist obligat. Unterstützend und in Absprache mit dem Behandler kann aber jeder selbst zu seinem Genesungsprozess beitragen. Mit Kräutern und energetischen Heilmitteln, ja und manchmal auch mit Magie. Was ist Magie denn anderes als Energie?

»Magie ist die Kunst, mit den Kräften der Natur zu arbeiten,
um notwendige Veränderungen herbeizurufen.
Das ist Magie – ganz einfach.«
Scott Cunningham

Tatsächlich ist die Wissenschaft der Magie schon auf der Spur. Wer sich damit befassen möchte, kann sich in die »Zwillingsteilchen«-Theorie der Quantenphysik einlesen. Ich benutze zum Beispiel einen Fernseher, ohne ihn nachbauen zu können. Ja, ich weiß auch, dass ein Regenbogen nichts weiter als gebrochenes Sonnenlicht ist, aber ist er nicht trotzdem wunderschön und geheimnisvoll? Und wer hat diese Naturgesetze gemacht? Wirklich alles nur Zufall? Ich muss es nicht unbedingt wissen, womöglich kann ein Menschenhirn das gar nicht alles erfassen, aber ich möchte »erfahren« und »erleben«. Und ich habe erlebt …

Aber nichts vergisst der Mensch so leicht wie das Wunderbare. Mein Alltag fraß Magie und Kräuter, und es bedurfte wieder eines kräftigen Trittes des Schicksals, dass ich mich auf meine Wurzeln besann: Ich wurde schwer krank. Seelisch und körperlich. Die Schulmedizin konnte mir hier nicht helfen. Erst jetzt wandte ich mich meinen Kräutern ernsthaft und mit hohem Interesse zu, sammelte alle Bücher, derer ich habhaft werden konnte, studierte Herbalismus und lernte bei Kräuterfrauen und Wurzelseppen. Gleichzeitig praktizierte ich wieder Magie, was mit Respekt und tiefem Dank unseren Mitgeschöpfen und der Natur gegenüber verbunden war. Ich bestand die Prüfung des Schicksals. Körperlich innerhalb weniger Monate, die Seele brauchte allerdings ein paar Jahre.

Heute widme ich mich unseren pflanzlichen Schwestern und den Elementen regelmäßig und nutze ihr Potenzial, nicht ohne ihnen dafür zu danken. Im Gegenzug setze ich mich für den Schutz der Natur und des Planeten ein, sammle zum Beispiel Müll am Strand, informiere Suchende in meinem Blog und gebe Kurse. Jetzt schreibe ich sogar Bücher. Dieses hier zum Beispiel. Ich schrieb es für jeden, der wieder etwas »magischer« leben und die Rhythmen der Natur spüren möchte. Und wenn ich auch nur bei einem Leser oder einer Leserin den Funken entfachen kann, dann ist mir das Buch gelungen!

Hemmelmark, Walpurgis 2018

Begleite mich durchs Jahr

Dieses Buch hat dich angesprochen. Vielleicht weil du Kräuter liebst oder weil du etwas mehr über Magie wissen möchtest. Denn du spürst, dass da mehr ist. Mehr als nur das Wissen, das an unseren Schulen und Universitäten vermittelt wird. Du fühlst es, wenn du im Frühjahr im Grünen bist und die Wachstumskräfte um dich herum vibrieren. Du fühlst es, wenn du an einem stürmischen Tag an der See bist und die Elemente ihre unzähmbare Wildheit offenbaren. So fortschrittlich der Mensch auch ist: Wir können weder ein Samenkorn nachbauen und keimen lassen, obwohl uns die Inhaltsstoffe bekannt sind, noch die Elemente beherrschen.

Die gesamte Natur funktioniert ohne den Menschen. Irgendetwas steuert das Gefüge unserer Mitgeschöpfe und damit auch uns. Wir sind eingebunden in das große, geheimnisvolle Ganze. Wenn du zur Ruhe kommst, kannst du es spüren.

Wer Magie wirkt, macht sich einige dieser noch unerforschten Kräfte zunutze. Ich bin davon überzeugt, dass eines nicht allzu fernen Tages die Forschung hinter viele magische Geheimnisse kommen wird. Erst vor Kurzem hat man zum Beispiel herausgefunden, dass Bäume einen Herzschlag haben. Etwa alle zwei Stunden. Um diesen Rhythmus einzuhalten, ist ein Herz nicht nötig, sie ziehen einfach ihre Kapillaren etwas zusammen und entspannen sie wieder. Die Welt um uns herum ist so faszinierend, dass es direkt vor der Haustür zu spannenden Entdeckungen kommen kann.

Ich muss keine Forschungsergebnisse abwarten. Ich nutze das Wissen meiner Ahnen schon jetzt. Und ich lade dich ein, mich dabei zu begleiten.

20 magische Tage

In diesem Buch findest du ein typisches Kräuterhexenjahr. Ich gehe oft auf »Kräuterpirsch«, um sowohl meine magischen als auch meine Küchenvorräte aufzustocken. Einige Kräuter werden an besonderen Tagen gesammelt, da ihre Kräfte dann stärker sind. So werden viele Kräuter für die Hausapotheke um Johanni – am 24. Juni – herum gepflückt, weil sie dann voller Sonnenkräfte sind, wogegen magisch wirksame Kräuter gern zu Vollmond oder an hohen Feiertagen ins Sammelkörbchen kommen.

In vorchristlicher Zeit haben die vier großen Kreisfeste Imbolc, Beltane, Lughnasadh und Samhain jeweils den Beginn einer neuen Jahreszeit markiert. Mein Kräuterhexenjahr folgt diesem Kreis und beginnt am 1. Februar mit dem Fest des wiederkehrenden Lichtes.

Doch warum 20 magische Tage? Im Jahreskreis feiern wir auch die Tagundnachtgleichen und die Sonnenwenden. Christliche Feste fallen oft in dieselbe Zeit, da die Menschen schon immer die besondere Schwingung während dieser heiligen Tage spürten. Die Frühlings-Tagundnachtgleiche und Ostern oder die Wintersonnenwende und Weihnachten sind die bekanntesten Feste, die thematisch oder energetisch ihren heidnischen Pendants ähneln.

Zu diesen acht hohen Festen gesellen sich dann die zwölf Vollmonde der einzelnen Monate. Da ein Mondmonat nur 28 Tage hat, können auch zwei Vollmonde in einem Monat vorkommen. Damit sind wir bei 20 hohen Festen im Jahreskreis: zwölf Mondfeste und acht hohe Feiertage.

Für unsere magischen Ahnen begann der neue Tag übrigens mit der Nacht, darum begannen die Feiern in der Nacht davor. Auch heute wird ja noch der »heilige Abend« vor Jesu Geburt gefeiert oder auch der Abend vor Allerheiligen.

Magisches Arbeiten setzt nicht voraus, einer bestimmten Religion anzuhängen. Selbstverständlich kannst du auch als Christ jahreszeitliche Rhythmen feiern. Also, hast du Lust? Dann lade ich dich herzlich ein, mich durch den Jahreskreis zu begleiten

In den folgenden Kapiteln bekommst du einen Einblick in einen typischen Kräuterhexentag und wie er je nach Jahreszeit oder Anlass ein wenig variieren kann. Ich beginne meist mit einem Spaziergang, um die benötigten Kräuter des Tages zu sammeln oder mich mit den verfügbaren Schätzen zu bevorraten. Meine Kräutergänge lege ich dabei gern in die »goldene Stunde«, das ist die Zeit nach Sonnenauf-

gang. Magisch gilt sie als Zwischenzeit, nicht ganz Nacht und nicht ganz Tag. Es liegt noch der Zauber des Unberührten über dem Land. Du kannst Tiere sehen, die sich tagsüber eher versteckt halten.

Es ist natürlich nicht notwendig, so früh zu sammeln, ich empfehle jedoch, das einmal auszuprobieren. Du bist wirklich allein mit der Schöpfung. Ein erhabenes Gefühl, das dich stärkt und aufbaut.

Nach dem Kräutergang erläutere ich, wie ich das gefundene Sammelgut weiterverwende. Meist benötige ich es für das nachfolgende Vollmondritual, aber auch leckere oder nützliche Kräuterrezepte möchte ich dir nicht vorenthalten. Wenn der Tag zur Nacht wird (wieder eine Zwischenzeit), beginne ich mit dem Ritual. Danach belohne ich mich mit der leckeren Mahlzeit.

Das magische Rezept für diesen Tag bereite ich so gut es geht schon am Nachmittag vor, doch gegessen wird meist nach dem Ritual, damit ich mich wieder »erden« kann, ganz im Hier und Jetzt bin. Wenn du vorher schon nagenden Hunger verspürst oder das Ritual sehr spät durchgeführt wird, kannst du den Ablauf natürlich ändern.

Sei achtsam

Alle Rituale und Rezepte sind nur Vorschläge. Du kannst variieren. Deine eigenen Worte werden immer stärker sein als meine, weil sie eben zu dir passen. Wenn du das Gefühl hast, etwas im Ablauf ändern zu wollen, dann tu auch das. Verlass dich auf dich! Du kannst nahezu alles machen. Du darfst nur nicht in den Willen anderer Menschen eingreifen. Dass du keine Wesenheiten beschwören oder dunkle Magie anwenden solltest, versteht sich von selbst. Die Hilfe deines Schöpfers oder des Universums kannst du dir aber immer erbitten.

In manchen Traditionen heißt es: »Tu, was du willst, aber schade niemandem.« Danach kannst du dich richten, aber es sollte dir auch klar sein, dass »niemandem schaden« nicht möglich ist. Jede deiner Handlungen, ob in der magischen oder nichtmagischen Welt, hat Auswirkungen. Es wird immer jemanden geben, der Nachteile davon hat. »Einem jeden Menschen Recht getan, ist eine Kunst, die keiner kann!« Lege einfach an dein magisches Handeln die gleichen Maßstäbe wie an dein weltliches. Vermutlich willst du niemandem bewusst Schaden zufügen. Das ist absolut ausreichend. Auch der oft verwendete Schluss »zum Wohle aller« fällt für mich in diese Kategorie. In der Realität ist es schlicht nicht machbar. Solltest du durch einen Zauber eine Beförderung bekommen, wird es andere geben, denen nicht wohl ist.

Das ist ein gutes Beispiel, um die richtige Wortwahl zu verdeutlichen: Wenn du einen Zauber gewirkt hast, um einen besseren Job zu bekommen, und steigst dann die Karriereleiter etwas höher, ist das in Ordnung. Natürlich werden trotzdem einige Konkurrenten enttäuscht sein. Wenn du aber einen Zauber wirkst, um den Posten von Frau X oder Herrn Y zu bekommen, dann ist das Schadensmagie. Siehst du den Unterschied?

Genauso darfst du dir einen schicken Porsche wünschen, aber nicht den deines Nachbarn. Eigentlich ist es ganz einfach.

Wenn du in den Gerichten etwas austauschen möchtest, kannst du das selbstverständlich auch machen. Die magischen Eigenschaften der Zutaten sind bei den Rezepten beschrieben. Du wirst mit ein wenig Übung leicht eigene Gerichte für deine Ziele zubereiten können. Eine Mahlzeit nach einem Ritual ist nicht zwingend, unterstützt das Ziel des Rituals jedoch, wenn sie mit diesem vor Augen zubereitet und zu sich genommen wird.

Die magische Küche

Die Hexenküche unterscheidet sich kaum von einer normalen Küche, wobei Hexen natürliche Materialien bevorzugen. Elektrische Helferlein wie Rührgerät und Mixer werden beim magischen Kochen gemieden. Da ist es wie in der Homöopathie: Manuell ist energetisch wertvoller. Du bekommst deine Gefühle viel besser in den Kuchenteig, wenn du ihn mit bloßen Händen knetest.

Viele Hexen essen vegetarisch und achten dabei auf biologisch angebautes Obst und Gemüse. Wenn Fleisch oder Fisch auf dem Speiseplan stehen, wird auf artgerechte Tierhaltung geachtet.

Ein paar Extras unterstützen dein magisches Wirken:

OLIVENÖL in guter Qualität als Basisöl zum Kochen und für Salate, aber auch zum Herstellen magischer Salben. Wenn du Olivenöl nicht magst, kannst du es natürlich gegen ein gutes Raps- oder auch Sonnenblumenöl austauschen. Diese Öle stehen für die Sonne und damit auch für Feuer und Reinigung.

EIN KLEINER ALTAR – ein schönes Plätzchen, auch wenn es nur auf der Fensterbank ist, jahreszeitlich oder nach magischem Ziel geschmückt, um die Zutaten aufzuladen

MEERSALZ ODER EIN GUTES STEINSALZ (z.B. Sanisal) zum Würzen und für Reinigungsrituale

EIN GUT SORTIERTES GEWÜRZREGAL, das eine Auswahl an Kräutern zum Würzen und für Reinigungsrituale enthalten sollte. Auf jeden Fall sollten Thymian, Beifuß und Salbei darin stehen.

EINEN MÖRSER – gern aus Stein. Wer sich für sehr harte Dinge einen kleinen Achatmörser zulegen möchte (im Laborbedarf zu erwerben), hat damit zusätzlich noch einen hübschen Mini-Altar.

ZIMT UND INGWER zum Würzen, für Geldzauber und den Ingwer (Knolle) außerdem für die Gesundheit

EIN MESSER MIT KERAMIKKLINGE, das du ausschließlich für magische Zwecke einsetzt, vor allem in den Rezepten. Es sollte eine Keramikklinge besitzen, denn Naturgeister und Magie fliehen vor Eisen.

Das war schon alles. Vermutlich habe ich gerade deine Küche beschrieben, vom Altar einmal abgesehen. Wichtiger als irgendwelche besonderen Töpfe, Teller oder Messer ist, was du damit machst. Natürlich kannst du bestimmte Werkzeuge, zum Beispiel ein Kräutermesser, immer nur zu einem magischen Zweck einsetzen, was diese Dinge dann zwangsläufig auch mit Magie auflädt.

Mit oben genannten Extras bist du gut ausgestattet. Sie sind aber nicht zwingend. Du kannst ebenso gut mit Teelicht, Töpfchen und Holzlöffel im Wald kochen. Die Magie liegt in dir und deiner Fantasie.

* * *

Es klopft an meinem Fenster. Eine kleine Sumpfmeise scheint mich darauf hinweisen zu wollen, dass ich meinen Computer weglegen und Futter nachfüllen muss. Keck schaut der kleine Vogel zu mir herein. Ich könnte schwören, dass er lächelt. Die Sonne lässt die filigranen Schatten der Bäume auf meinen Wänden spielen. Ich muss raus, die Welt da draußen in mich aufsaugen. Kommst du mit?

IMBOLC BIS BELTANE

Zeit des Säens

Mit Imbolc, dem Fest des Lichtes, feiern wir die ersten Anzeichen des Frühlings, wenn in Pflanzen, Tieren und auch in uns die Lebensgeister erwachen. Den Höhepunkt des Sprießens bildet Beltane, mit dem der nächste Abschnitt im Jahreskreis beginnt.

Zu Imbole am 1. Februar ist er spürbar, der erste Hauch des Frühlings. Spätestens mit dem Erscheinen der Schneeglöckchen fühlen wir das ganz deutlich. Unter der Erde und in den Pflanzen regt sich das Leben, es fängt an zu treiben und sich dem Licht entgegenzustrecken.

Die Feiertage im Jahreskreis richten sich eher nach dem phänologischen Kalender als nach unserem gregorianischen. Die Phänologie ist die Lehre der Erscheinungen und nimmt Pflanzen als Zeiger für die Jahreszeiten. Das ist natürlich nicht so exakt wie ein Datum auf unseren Kalenderblättern. In der Phänologie beginnt mit der Blüte von Haselkätzchen und Schneeglöckchen der Vorfrühling. Das kann, je nach Jahr und Standort, zwischen Januar und Februar sein. Auch wenn der Winter sich bis in den März hinein noch hartnäckig zu halten versucht, kommt er nicht an diesen Frühlingsboten vorbei.

* * *

Mit dem ersten zarten Grün erwachen auch in uns die Lebensgeister. Pläne und Vorhaben, die im Winter Zeit zum Reifen hatten, wollen jetzt umgesetzt werden. Mit einem Frühjahrsputz und Reinigungsräucherungen lassen wir unser Heim wohnlich erstrahlen. Unser Körper wird mit entgiftenden Kräutern aus dem Winterschlaf geweckt und kann mit den jungen Wildgemüsen neue Energien tanken.

Die Magie hilft uns, den Winter aus Leib und Seele auszutreiben. Auch heute wird vielerorts noch der Brauch des rituellen Winteraustreibens gepflegt. In Norddeutschland kennt man zum Beispiel das »Biikebrennen«, ein im Februar entzündetes Feuer, bei dem manchmal auch eine Strohpuppe, stellvertretend für den Winter, verbrannt wird. Mancherorts wird ein Fass auf die Spitze des Holzstapels verbracht, mit dessen Fall der Winter vorüber ist.

Nach der Reinigung sind wir bereit für die Saat. Das können auch Pläne und Projekte sein. Alles Materielle und auch Geistige, das wir jetzt in den richtigen Boden bringen, wird vom göttlichen Funken beseelt und sprießt. Den Höhepunkt des Sprießens bildet Beltane, das schon einen Hauch Sommer mit sich trägt.

Bei mir stehen im Februar stets ein paar Schneeglöckchen als Symbol der Frühlingsgöttin im Heim. Diese zauberhafte magische Blume ist in der Lage, in ihrer Zwiebel eine Temperatur von 8 bis 10 Grad zu entwickeln und sich so den Weg nach oben freizuschmelzen. Gleichzeitig nimmt sie das so gewonnene Schmelzwasser auf. Damit der Frost ihr nichts anhaben kann, hat das Schneeglöckchen Frostschutz (Glyzerin) in den Zellen.

Für Wildgemüsefreunde ist das Schneeglöckchen eine wichtige Hinweispflanze: Sobald es verblüht ist, kommt der Bärlauch. Was später erscheint, könnte dann schon das Maiglöckchen sein, also Vorsicht!

Wenn im März die Weidenkätzchen der Salweide erscheinen, schmücken diese meine Wohnung. Die Weide ist ein starker Schutzbaum, sie steht auch für Heilung und weckt mit den flauschigen Blüten bei jedermann die Frühlingslust. Wir spüren wieder Energie und Tatkraft. Die Weide zeigt dir deine Möglichkeiten, sie hilft dir, flexibel zu bleiben und neue Ideen zu entwickeln.

Auch mein Türkranz wird aus Weidenruten gebunden und mit bunten Bändern geschmückt. Die Kätzchen hole ich mir bei meinen Waldspaziergängen. Die Waldarbeiter beschneiden im Frühjahr die Bäume, und ich muss die Äste nur noch aufsammeln.

Im April schließlich kündet uns die Apfelblüte den Vollfrühling an. Ab jetzt gibt es kein Halten mehr.

Imbolc – Lichtmess

Imbolc beziehungsweise Lichtmess (am 2. Februar) ist der Schnittpunkt zwischen Winter und Frühling. Mensch und Tier sehnen sich nach warmen Sonnenstrahlen und frischem Grün. Bauern rütteln ihre Obstbäume wach. Imker flüstern ihren Bienen zu, sich bereit zu machen. Manch Singvogel wagt sein erstes Lied, und vereinzelt kann man schon Störche dick aufgeplustert in ihren Nestern sehen.

Am ersten Februar feiern wir das Fest der Brigid, der dreifachen Göttin der Heilkräuter, Heilkunde und der Dichtkunst. Brigid birgt in ihrem Namen das Licht: Der englische Begriff »bright« bedeutet »strahlend, hell«. Je nach Übersetzung wird Brigid »Strahlenumkränzte« oder »leuchtender Pfeil« genannt. Kräuterheiler erbitten ihren Segen, um heilkräftige Arzneien herzustellen. Dichter rufen sie an, um Inspiration zu erhalten. Brigid war die mächtigste und beliebteste Göttin der Kelten. Auch ich wende mich ihr heute zu. Mich dürstet nach Licht. Ich will das Alte hinter mir lassen und Neues beginnen.

Bei Sonnenaufgang mache ich mich auf den Weg, auf der Suche nach den ersten Wildkräutern. Sie sollen meinen Speiseplan bereichern und als magische Zutat für das heutige Ritual Verwendung finden. Da es ein wenig getaut hat, bin ich optimistisch. Ich werde sie finden, meine magischen Pflanzenschwestern.

Ein neonblaues Etwas fliegt pfeilschnell an mir vorbei. Offenbar habe ich den Eisvogel aufgescheucht. Also ist der Weg vor mir noch jungfräulich und unberührt. Kein Förster, kein Jäger, kein Spaziergänger hat seinen Fuß heute hierhergesetzt. Der Wald ist in der goldenen Stunde, der magischen Zeit unmittelbar nach Sonnenaufgang, ganz für mich da.

Eines meiner Seelenkräuter lugt am Hang durch den tauenden Schnee: die Gundelrebe, die Erdheilerin und Entgifterin. Sie ist eine meiner wichtigsten Verbündeten. Ich neige mich zu ihr herab, erbitte ihre Hilfe und pflücke ein paar Zweiglein. Als Dank lasse ich ihr etwas Milch da.

Nur wenige Schritte weiter, an den Fuß eines Baumes geschmiegt, wächst eine saftig grüne Vogelmiere. Tatsächlich hat der frische Austrieb schon salatwürdige Ausmaße angenommen. Wer wirklich »grüne« Suppen möchte, kommt um sie nicht herum. Das ist Frühling im Teller. Dankbar nehme ich sie mit.

Ich kann nicht umhin, die große Birke zu umarmen, die heute mein Ziel ist. Mein Ohr fest an die Rinde gepresst, lausche ich gespannt hinein. Aber es ist noch zu früh. Die Säfte steigen noch nicht. Ich drehe mich um und lehne mich an den mächtigen Stamm, die Augen geschlossen, der aufgehenden Sonne zugewandt. Sie ist greifbar, die Aufbruchstimmung verursacht mir eine prickelnde Gänsehaut. Ich höre das leise Murmeln der Frühlingsgeister, Wurzeln und Knospen, die es anscheinend kaum noch erwarten können. Nicht mehr lange, und ich werde ihre wunderbaren Lichtkräfte für meine Gesundheit nutzen können.

Die Luft ist klar – Sauerstoff pur. Hier draußen kann ich tanken. Ich habe heute Morgen schon das Schüßlersalz Nr. 3 (Ferrum phosphoricum) zu mir genommen. Das gibt eine Extraportion Sauerstoff und Motivation. Etwas Johanniskrautöl als Gesichtspflege macht die Haut aufnahmefähiger für das Licht, das ich jetzt so dringend brauche. Eine Weile stehe ich so da, spüre die noch sanften Sonnenstrahlen, höre das leise Knacken des schmelzenden Eises der Au.

Ich löse mich von der Birke und bedanke mich. In die Zweige knüpfe ich ein paar weiße Seidenbänder. Wenn heute Nacht Brigid durch die Wälder streift, bleibt ihr Segen in ihnen haften. Morgen hole ich die Bänder, um sie für Heilrituale zu verwenden. Eines habe ich einer Freundin versprochen, die sich ein Kind wünscht. Ihr Bändchen kommt über das Ehebett. Zusammen mit einem Beutelchen weiblicher und männlicher Haselblüten.

In mein Kräuterkörbchen wandern noch Binsen, ein paar junge Birkenäste und die ersten vorwitzigen Haselkätzchen. Erfreut sehe ich, dass auch die Knoblauchrauke schon austreibt. Zuletzt kommt noch die zarte Lichtmess-Blume in mein Körbchen: das Schneeglöckchen.

Zu Hause angekommen, mache ich mich gleich ans Werk. Zunächst das Kulinarische. Die Vogelmierenernte reicht für einen Smoothie und etwas Pesto. Für den Smoothie brauche ich eine Handvoll Miere. Ihr maisähnlicher Geschmack harmoniert wunderbar mit frischer Ananas. Ich gebe noch zwei kleine Fiederblättchen der Schafgarbe dazu und püriere das Ganze mit Wasser. Wer mag, kann natürlich auch Milch oder Pflanzenmilch nehmen. Dieser Vitaminstoß gibt genug Energie, um die Müdigkeit aus dem Körper zu treiben.

Aus dem Rest bereite ich ein Pesto zu (siehe Seite 33), das bringt unseren Stoffwechsel auf Trab.

Die Gundelrebe wird mir einen leckeren Hüttenkäse würzen und einen gesunden Abendtee geben (siehe Seite 53). Das treibt nicht nur Krankheitsgeister, sondern auch den Winter aus den Knochen.

Ich bin zufrieden mit meiner kleinen Ernte und bereite die Imbolc-Feier vor. Aus den Binsen flechte ich das Brigidkreuz, welches über den Hauseingang kommt, um Besucher und Bewohner zu schützen.

Die Schneeglöckchen kommen zusammen mit Kerzen auf ein Fensterbrett. Einige Kerzen sollen über Nacht brennen, dafür nehme ich Teelichter (es gibt welche, die acht Stunden durchhalten), die in entsprechende Gläser kommen. Außerdem bleiben sie in Sichtweite. Ich möchte zwar Licht, aber keinen Hausbrand. Rund um die Kerzen verteile ich kleine Bergkristalle, die das Licht dieser Nacht einfangen und dessen Schutz und Segen über das Jahr im Haus verteilen. Die weißen Kerzen, die mit der Magie dieser Nacht aufgeladen werden sollen, lege ich zwischen die Teelichter und streue etwas Gundelrebe drum herum. Die Rebe ist nicht nur eine Erdheilerin, sondern auch ein Schutzkraut. Ich habe immer etwas getrocknete Rebe in meinem Medizinbeutelchen.

* * *

Am Abend zünde ich die Kerzen auf der Fensterbank an. Dann gehe ich gemeinsam mit meinem Mann mit einer Kerze und dem Räucherstövchen in jeden Raum. Auf dem Stövchen verbreiten Beifuß und Burgunderharz ihren aromatischen Duft. Sie stehen für Schutz, Klarheit und Neubeginn. Als energetische Hausreinigung reicht das in den meisten Fällen aus.

Zum Abendessen gibt es ein Lindenschaumsüppchen und frisches Brot mit Pesto und Kräuterhüttenkäse. Ein Gedicht! Zur Feier des Tages öffnen wir noch einen Löwenzahnwein. Statt einen Gundelrebentee zuzubereiten, geben wir nur ein paar frische Blätter der Rebe in den Wein. Für den entgiftenden Tee ist morgen auch noch ein Tag.

Nach dem Essen schreiben wir dunkle Gedanken, Sorgen und Probleme auf einen Zettel. Wir halten noch einmal inne, und dann lassen wir los. Alle Blockaden, die auf unserem Zettel stehen. Dazu wird dieser verbrannt und löst sich in Rauch auf. Wir lassen los …

Die Gedanken und das Gemüt werden klarer. Jetzt laden wir auch Brigid ein, begrüßen das Licht, verinnerlichen noch einmal unsere Neujahrsvorsätze und planen den Neubeginn. Wir schauen in die Karten, diskutieren Ideen und Projekte. Brigids Energie ist deutlich zu spüren, schenkt uns Begeisterung und neue Impulse.

Motiviert und mit wunderbaren Plänen beenden wir das Ritual. Morgen hole ich die Bändchen.

Danke, Brigid!

Rezepte zu Imbolc

Vogelmierenpesto

300 g Vogelmiere * 50 g Sonnenblumenkerne
2 Knoblauchzehen * 300 ml Olivenöl
Salz, Pfeffer

1. Vogelmiere waschen und trocknen.
2. Die Sonnenblumenkerne und den Knoblauch in der Küchenmaschine oder im Mörser zerkleinern, bis eine homogene Masse entstanden ist. Öl, Pfeffer und Salz hinzufügen, gut verrühren und das Pesto genießen.

Lindenblütenschaum

470 ml Gemüsebouillon * 1 Handvoll Lindenblüten
Salz, Pfeffer * Tabasco * 1/2 TL Honig
70 ml trockener Weißwein * 2 gestr. TL Speisestärke
200 ml Sahne * Abgeriebene Schale von 1/2 Zitrone

Die magischen Eigenschaften der Zutaten
Lindenblüten – Schutz, Unsterblichkeit, Glück
Salz, Pfeffer – Schutz
Tabasco – Schutz
Honig – Glück, Weisheit
Zitrone – gegen Negativität

1. Die Bouillon mit den Lindenblüten aufkochen, vom Herd nehmen und 5 Minuten ziehen lassen, dann abseihen. Salz, Pfeffer, einige Tropfen Tabasco und den Honig in die Suppe geben und etwa 10 Minuten kochen.
2. Weißwein mit Speisestärke anrühren, zur Suppe geben und weitere 10 Minuten aufkochen lassen. 160 ml Sahne unterrühren.
3. Die restliche Sahne cremig schlagen.
4. Die Suppe in vorgewärmte Tassen geben, mit geschlagener Sahne und Zitronenschale verfeinern.

Birkenrinden-Elixier nach Kräuterpfarrer Weidinger

einige 2- bis 3-jährige Birkenästchen * 1 l naturbelassener Rotwein
50 g echter Bienenhonig

Die glatte Rinde der Birkenästchen abziehen, zerkleinern und trocknen. 100 g davon acht Tage im Rotwein ziehen lassen, dann abseihen. Den Bienenhonig einrühren – fertig!

Das Birkenrinden-Elixier ist ein vorzügliches Tonikum nach dem lichtarmen Winter. Es stärkt den Magen, regt den Appetit an und beruhigt. Kurz vor dem Essen ein kleines Gläschen genießen!

Birkenknospen

Wer einen empfindlichen Magen hat, kann auch jetzt noch/schon Birkenknospen sammeln und trocknen. Natürlich kann man hierfür wunderbar die Knospen der oben gesammelten Äste benutzen.

Für eine Tasse Tee 2 TL Birkenknospen mit 250 ml kaltem Wasser übergießen. Drei Stunden ziehen lassen, kurz aufkochen und abseihen.

Je ein Tässchen morgens und abends genießen.

Haselkätzchen

Die Haselkätzchen werden für einen Erkältungstee getrocknet. Einige wandern in den Beutel für den Fruchtbarkeits-Talisman.

Lindenblüten

Die Linde ist ein mütterlicher Baum, herzlich und verständnisvoll. Sie passt zu denen, die vom Leben gebeutelt werden, selbst aber hilfsbereite und dankbare Menschen sind. Sie sollten öfters, besonders im Winter, Lindenblütentee trinken.

Dafür werden 1–2 TL frische oder 1 TL getrocknete Lindenblüten mit 250 ml heißem Wasser übergossen. 10 Minuten ziehen lassen, abseihen und genießen.

Februar – reinigender Mond

Die letzten Tage und Wochen haben mein Jahresziel deutlich werden lassen. Nun will ich den Winter aus meinen Knochen treiben und die Kräfte wecken, die mir beim Umsetzen helfen. Ein Wohlfühltag soll die wilde Frau in mir locken, die angstfreie, starke …

Ich beginne den Tag mit meiner Lieblingsmusik, hole mir einen Gewürzkaffee und kuschle mich wieder ins Bett. Während ich Enya lausche und meine Hände an der heißen Tasse wärme, scheint der erste morgendliche Sonnenstrahl durch mein Fenster. Besser kann ein Wohlfühltag nicht beginnen. Eine Tannenmeise hat sich in das Futterhäuschen am Fenster getraut und leistet mir Gesellschaft. Nachdem ich den letzten Schluck meines Morgenweckers genossen habe, rekle ich mich ausgiebig, schnappe meinen Morgenmantel und gehe in die Küche.

Der beste aller Ehemänner hat hier schon etwas vorbereitet. In einer Teekanne wartet ein Kräutertee, der neben Zitronenverbene auch Ackerschachtelhalm enthält, da ich an meinem Wohlfühltag mit dem »pflanzlichen Bergkristall« natürlich auch meiner Haut und meinen Knochen etwas Gutes tun möchte. Nach Maria Treben für »alte Frauen ab 40« ein absolutes Muss. In einer Kanne daneben steht starker Lindenblütentee (250 g Lindenblüten mit

3 l kochendem Wasser übergießen und 20 Minuten ziehen lassen), den ich meinem Kräuterbad hinzufügen werde. In einem kleinen Badesäckchen habe ich bereits eine Handvoll Kräuter bereitgelegt, die durch die Lagerung einiges an Kräften eingebüßt haben und als Tee nicht mehr taugen. Im Kräuterbad tun sie aber noch ihren Dienst.

Ich lasse mir Badewasser ein, gebe das Kräutersäckchen und den Lindenblütentee hinzu und steige hinein. Die Linde hält, was ihr Name verspricht: Sie »lindert«. Das Gedankenkarussell stoppt, Ruhe fließt in mein Gemüt. Das Bad lindert nach Weidinger sogar »die Schmerzen eines Schockzustandes«. Aber ich möchte mich nur herrlich entspannen. Dazu darf das Badewasser nicht zu heiß sein: 37 Grad sind optimal.

Leises Geschirrklappern lässt meinen Magen wach werden. Ich richte mich auf, nehme mir das Kräutersäckchen und rubble mich damit noch einmal kräftig ab. So können Ringelblume, Minze und Liebstöckel (Kraft, Regeneration, Frische) besser ihre Wirkung entfalten. Die Wahl der Kräuter für das Badesäckchen richtet sich ganz nach Vorliebe, Ziel oder Vorrat.

Warm in meinen Morgenmantel gewickelt, setze ich mich an den Frühstückstisch. Mein Mann hat Hirse zubereitet. Schnellkochhirse ist in 15 Minuten fertig: Einfach mit der doppelten Menge Wasser aufkochen, einen Apfel hineinschneiden, 5 Minuten köcheln und 10 Minuten quellen lassen. Ich gebe noch Zimt und Ahornsirup hinzu und lass es mir schmecken. Hirse ist reich an Mineralstoffen und Spurenelementen, darin übertrifft sie alle anderen Getreide. Außerdem dämpft sie Naschattacken und fördert den Haarwuchs. Der Apfel, als göttliche und heimische Frucht, ist für mich obligat.

* * *

Das war ein schöner Start in meinen Wohlfühltag. Jetzt bin ich bereit für meinen Kräutergang. Heute werde ich nicht an der Au spazieren gehen, sondern im Knick an den Feldern. Ich will Knospen sammeln, die allmählich immer dicker werden und sich dem Licht ungeduldig entgegenrecken.

Es kommen vorzugsweise Knospen von dornigen Pflanzen in meine Sammeltüte, denn Pfarrer Künzle maß ihnen eine besondere Heilkraft zu. So pflücke ich Rose, Schlehe und Weißdorn, Pflanzen, die auch magisch starke Schützer sind. Auch Erle und Haselnuss nehme ich noch einmal mit. Auf die Brombeere werde ich noch ein wenig warten müssen. Erfreut entdecke ich die ersten Weidenkätzchen, ich pflücke sie für den heutigen Abendtee.

Auch die Schwarze Johannisbeere gehört zu den besonderen Heilpflanzen. Vorsorglich habe ich diese im eigenen Garten angepflanzt, so kann ich mein Knospensalz auch mit ihr und einigen Apfelbaum- und Lindenknospen bereichern. Stumm betrachte ich die kleinen grünbraunen Schätze in meiner Hand. Ich mache jeden Frühling die Knospenkur nach Künzle, die sogar Gevatter Tod in die Schranken weisen soll. Aber noch sind die Energiebömbchen recht klein, und eine Handvoll zusammenzubekommen ist eine Herausforderung. Doch im Knospensalz kann ich einen Großteil ihres Potenzials zur Heilung und Stärkung bewahren und über das Jahr nutzen. Das tröstet mich etwas.

Rezept zum Wohlfühltag

Mein Mann erwartet mich bereits mit einem leichten Mittagessen. Selbst kräuterkundig, hat er mir einen Salat mit Scharbockskraut gemacht. Er kennt mich halt. Diese leichte, schmackhafte Speise hilft mir, Hindernisse zu beseitigen, Wohlstand anzuziehen und ist außerdem noch sehr gesund. Powerfood eben. Genau das, was man in den letzten Wintertagen dringend braucht.

Vielleicht fragst du dich, wie das funktionieren soll. Das ist eigentlich ganz einfach: Wenn du zu den Kalorienzählern gehörst, weißt du, dass du dein Essen schon so gut wie auf den Hüften hast, wenn du nur an die Kalorien denkst. Jetzt musst du eben nicht an die Nährstoffe, sondern an das magische Potenzial denken. Halte dir beim genüsslichen Verspeisen die Kräfte der Pflanze vor Augen. Wenn du magst, kannst du die Mahlzeit mit einem kleinen Spruch einleiten, wie zum Beispiel »*Mit jedem köstlich' Biss weicht das Hindernis*«. Magie muss nicht bierernst sein. Lachen ist gesund!

Chicoréesalat mit Scharbockskraut

2 Chicorée * 1 Handvoll Scharbockskrautblätter (vor der Blüte geerntet!)
1 Orange * 1 El Sherryessig * 1 Prise Kräutersalz
1 EL Walnussöl * 1 EL geröstete Erdnüsse

Die magischen Eigenschaften der Zutaten

Chicorée – beseitigt Hindernisse
Scharbockskrautblätter – erste frische Vitamin-C-Quelle
Orange – Früchte der Freude
geröstete Erdnüsse – Wohlstand
Sherryessig – Reinigung
Kräutersalz – Schutz
Walnussöl – erweiterte Wahrnehmung, Schutz

1. Den Chicorée in mundgerechte Stücke schneiden. Die Scharbockskrautblätter verlesen. Die Orangenschale abreiben, danach die Orange schälen und würfeln.
2. Abgeriebene Orangenschale mit Essig, Kräutersalz und Walnussöl verrühren.
3. Sämtliche Zutaten in einer Schüssel miteinander vermengen.
4. Den angerichteten Salat mit den Erdnüssen bestreuen.

Der Salat ist köstlich, und ich fühle mich, als könnte ich Bäume pflücken. Ich beschließe, mir für die nächsten Tage ein belebendes Duschöl anzusetzen. Das treibt den Winter endgültig aus.

Ich brühe noch einen Tee aus Dostblüten für meine abendliche Pflege und verbringe den Rest des Nachmittags mit Lesen. Zum Tagesausklang will ich mich mit einem Ritual verwöhnen. Nach so einem Wohlfühltag geht es morgen mit neuen Kräften an die Arbeit.

Das Ritual im Februar

Du beginnst mit dem Basisritual, das vor jedem eigentlichen Zauber abgehalten wird und mit dem du die vier Elemente anrufst: Feuer, Wasser, Erde und Luft. Danach folgt der Teil des Rituals, der dem jeweiligen Thema gewidmet ist.

Für jedes Ritual benötigst du ein paar Utensilien, die du vorher bereitlegst. Für das Basisritual brauchst du für jedes Element ein Symbol, zum Beispiel ein Schälchen mit Wasser, eine Kerze, einen Stein und eine Feder. Zusätzlich brauchst du die Dinge, die für das jeweilige Ziel bzw. Thema des Rituals notwendig sind. Bei allen Ritualen ist es gut, bequeme Kleidung aus Naturfasern zu tragen.

Hinweis

Ich beschreibe jeweils den beispielhaften Ablauf eines Rituals. Du kannst immer auch gerne deine eigenen Worte wählen und andere Symbole aussuchen.

BASISRITUAL

Du brauchst:

* Für jedes der vier Elemente ein Symbol (z.B. Schälchen mit Wasser, Kerze, Stein und Feder)

* Lege das Erdsymbol (Stein, Erde, Salz etc.) in Nordrichtung. Dann folgt im Abstand von etwa 30 Zentimetern das Luftsymbol (Feder) im Osten. Das Symbol für Feuer (Kerze) kommt in den Süden und schließlich das Symbol für Wasser (Wasserschale, Fisch, Muschel etc.) in den Westen.
* Entzünde die Kerze. Wenn du Räucherwerk verwendest, entzünde es jetzt ebenfalls.
* Schließe die Augen und hole tief Luft (tief – nicht viel!). Atme wieder aus und berühre zunächst das Erdsymbol mit deiner Krafthand (bei Rechtshändern die rechte, bei Linkshändern die linke Hand). Dabei sprichst du: »Ich rufe die Kräfte der Erdung, der Stabilität und der Materie.« Spüre dabei die Erde, stell sie dir vor, wie sie angenehm feucht und warm ist, und wie ihre Kraft durch deine Hand von dir aufgenommen wird.
* Dann wende dich der Feder zu, berühre sie nur leicht und sprich: »Ich rufe die Kräfte des Geistes, der Erneuerung und der Bewegung.« Visualisiere dabei, wie eine leichte Brise durch dein Haar streicht und dich mit ihrer Kraft durchfährt.
* Nun halte deine Hand über die Kerze, spüre die angenehme Wärme und sprich: »Ich rufe die Kräfte der Reinigung, der Lie-

be und der Leidenschaft.« Fühle, wie die Sonne deine Haut wärmt, wie ein knisterndes Kaminfeuer dir Wohlbehagen schenkt.

* Als Letztes berührst du das Wasser und sagst: »Ich rufe die Kräfte der Liebe, der Heilung und der Reinigung.« Stell dir dabei einen leichten Sommerregen vor oder wie du schwimmend durch das Wasser gleitest. Fülle auch dieses Bild mit Leben und empfange die Energie des Elementes.
* Jetzt halte beide Hände über deine Elementesymbole und sprich:

»Aus dem Leib der Mutter Erde und der Winde frischem Hauch,
aus dem roten Flammenherde und den Wasserwellen auch,
ruf ich an die guten Mächte, die der Quell des Lebens sind,
Haltet fern mir alles Schlechte, lasst nur Gutes ein geschwind,
Steht mir bei in dieser Nacht,
bis mein Zauber ist vollbracht.«

Fühle, wie dich die Energie der Elemente durchströmt und auflädt.

Setze nun das Ritual mit deinem heute gewählten Ziel fort.

RITUAL ZUM AUFTANKEN UND KRÄFTEWECKEN

Du brauchst:

* Räucherwerk, vorzugsweise Rosen-, Lavendel- und Königskerzenblüten, außerdem etwas Styrax
* Salz
* Ein Räucherstövchen oder Räucherkohle (notfalls eine Herdplatte)
* Je eine blaue (Wahrheit), rote (Liebe) und weiße (Schutz, Reinigung) Kerze

* Gib die Blütenmischung sowie etwas Salz auf das Sieb deines Räucherstövchens oder ein Stück Räucherkohle. Solltest du noch keines haben: Eine kurz erhitzte und gleich wieder abgeschaltete Herdplatte, mit einem Stückchen Alufolie geschützt, tut es auch. Gib etwas entspannendes Styraxharz dazu. Das vanillig-weiche Aroma, sparsam dosiert, harmoniert wunderbar mit der Rose. Achte darauf, dass die Styraxbröckchen auf den Blüten liegen, sonst bekommt das Harz zu viel Hitze.
* Stelle die Kerzen auf und entzünde sie.
* Setze dich in entspannter Haltung vor die Kerzen. Schließe die Augen und atme den herrlichen Duft ein. Stell dir vor, wie beim Ausatmen alle Sorgen und negativen Energien von dir weichen und du beim Einatmen Kraft und positive Energie schöpfst. Wenn dir Yoga oder die Chakrenlehre nicht fremd

sind, kannst du die Energie auch über die Hände und das Basischakra in den Körper einfließen lassen.

* Verweile so etwa eine Viertelstunde und genieße das pure Sein. Spüre, wie deine Batterien aufgeladen werden.
* Dann steh auf, bedanke dich und öffne die Fenster ganz weit. Entlasse aus dem Zimmer alles, was dich nicht stärkt, und lass die frische, den kommenden Frühling versprechende Luft hinein.

Mein Wohlfühltag neigt sich dem Ende zu. Dieser kleine Urlaub vom Alltag hat mich durchatmen lassen. Ich brühe mir den Tee aus Weidenkätzchen auf, der wird meine Nerven stärken und mich gut schlafen lassen. Mit etwas Honig abgerundet schmeckt er gar nicht schlecht.

Auch der kalte Dostblüten-Tee bekommt einen Teelöffel Honig. Ich rühre gut um und wasche mir damit das Gesicht. Vorsichtig tupfe ich die Haut nur leicht trocken. Der Tee soll einziehen. Ein wunderbares Mittel für gestresste Haut.

Mit angenehmer Bettschwere begebe ich mich in Morpheus' Arme …

Knospensalz

Je 7 Knospen von Erle, Haselnuss, Rose, Schlehe, Weißdorn, Apfel und Linde, je nach Verfügbarkeit
100 g gutes natürliches Salz, z.B. Meersalz oder Sanisal (Mineralsalz)

Die Knospen mit ein wenig Salz leicht mörsern (oder kleinschneiden). Mit dem restlichen Salz mischen und ruhen lassen.

Das Knospensalz wird in kleinen Portionen zubereitet und über das Jahr ständig ergänzt. Bei der Zubereitung der jeweiligen Portion nimmt man etwa 1 Teelöffel Knospen oder Kräuter auf 100 Gramm Salz. Im Laufe des Jahres kommen weitere Knospen und Kräuter hinzu, sodass wir am Ende etwa 1 Kilo Knospensalz haben.

Tipp

Die Anzahl der Knospen ist Geschmackssache, ich nehme aber gern eine magische Zahl wie die Sieben. Die Knospen können auch im März noch zugegeben werden, selbst wenn die Blattspitzen schon zu sehen sind.

Knospentee nach Kräuterpfarrer Künzle

1 Handvoll frische Sprossen und Triebe, vor allem von Dornenhecken (Himbeere, Brombeere, Weißdorn) und Bäumen (Buchen, Birken, Haseln, Eichen, Lärchen, Fichten usw.) – vorsichtig abschneiden

1. Sprossen und Triebe zerkleinern, in ein großes Gefäß geben und mit 1,5 l Wasser übergießen.
2. Kurz aufkochen und 30 Sekunden ziehen lassen.
3. Von diesem Absud morgens nüchtern 250 ml trinken und den Rest über den Tag verteilen. Nach Belieben mit einem Teelöffel Honig süßen.

Kaffee-Duschöl

1 EL Kaffeebohnen * 100 ml Olivenöl

einige Tropfen ätherisches Litsea- oder Zitronenöl

1. Die Kaffeebohnen mit dem Mörser leicht anstoßen (zur Not geht auch Kaffeesatz).
2. Die Bohnen mit dem Olivenöl übergießen und etwa neun Tage darin ziehen lassen.
3. Das Öl durch einen Filter gießen und einige Tropfen Litsea- oder Zitronenöl dazugeben.

Tipp

Nach dem Duschen in die feuchte Haut massiert, ist das Öl der perfekte Kick in einen frischen Morgen.

Weidenkätzchentee für einen wohligen Schlaf

1 TL Weidenkätzchen * Honig

1. Die Weidenkätzchen mit 250 ml kochendem Wasser übergießen.
2. Nach 10 Minuten abseihen und mit etwas Honig süßen.

Eine halbe Stunde vor dem Einschlafen genommen, schickt dieser Tee dich sanft in Morpheus' Arme. Auch bei Nervenschwäche empfehlenswert.

Hinweis

Achtung: Für Kinder und bei einer Allergie gegen Acetylsalicylsäure (Aspirin) ist der Weidenkätzchentee nicht geeignet.

März – Sturmmond

Jetzt will der Lenz uns grüßen. Während der Dichter damit den Frühling meint, so ist Lenz doch auch der altdeutsche Begriff für den März. Mit dem ersten Frühlingsmonat begann im alten Rom das Kalenderjahr.

Ich spüre mit jeder Faser, dass der Frühling nicht mehr aufzuhalten ist. Die Schneeglöckchen haben sich das Terrain an den Fischteichen zur Gänze erobert, müssen aber schon bald den Krokussen weichen. In geschützten Lagen sind auch vereinzelt die ersten Bärlauchspitzen zu sehen. Die Morgensonne bahnt sich einen Weg durch die noch kahlen Baumkronen und wärmt mein Gesicht. Ich schließe die Augen und genieße ihr Versprechen auf eine schneelose, warme Zeit. Aber ich lasse mich nicht täuschen. Im März, dem Sturmmond, kann es immer noch Schnee und Eis geben. In diesem Wechsel der Jahreszeiten sind wir empfindlich. Erkältungen haben leichtes Spiel.

Darum steht heute wieder die Vogelmiere auf meiner Sammelliste. Sie ist reich an Vitaminen und Mineralstoffen und schützt, als Wildgemüse zubereitet, die Atemwege.

Neben mir raschelt es. Ein Keckern ist zu hören. Dann ruckt mein Rattler, ein tschechischer Zwergpinscher, an der Leine. Natürlich –

ein Eichhörnchen! Die munteren Gesellen toben von Baumkrone zu Baumkrone. Diese ungezügelte Lebenslust der Braunpelze habe ich bisher nur im Frühjahr beobachten können. Mit Freude sehe ich, dass es ein einheimisches braunrotes Eichhörnchen ist. Leider werden die vom schwarzen Eichhörnchen verdrängt, dieses hier konnte sein Revier bisher verteidigen.

Ich schaffe es, den rasenden Rattler von dem Eichhörnchen wegzuziehen, und gehe weiter. Ein paar Rinden kommen heute in meinen Sammelbeutel. Wobei mir die fleißigen Waldarbeiter eine gute Hilfe sind. Ich muss mir nur etwas von ihrem Schnittgut nehmen: Weide als Schmerzmittel und Esche für mein Lebenselixier, das ich später im Jahr ansetzen will. Auch ein paar Schlehenäste nehme ich mit, um sie zu veraschen. Aber das hat auch noch Zeit, denn frisch brennen sie nicht.

In der kleinen Senke an der Au liegt immer noch Schnee. Hier habe ich vor ein paar Tagen, mit einer kleinen Flasche bewaffnet, etwas von der kalten Pracht gesammelt. Zu Hause wurde das Fläschchen auf den Altar gestellt, auf ein Blatt Papier mit der Beschriftung »Liebe und Dankbarkeit«. Dieses Arrangement ließ ich im Schein einer weißen Kerze einige Stunden stehen, bis der Schnee geschmolzen und die Kerze heruntergebrannt war. Das so aufgeladene Wasser ist mir als Heil- und Schutzwasser willkommen und wird bei Zaubern und in Heilkosmetik seine Verwendung finden. Wasser auf Worte zu stellen, um es mit diesen Kräften aufzuladen, ist wieder stark im Kommen. Auch bei nicht magisch arbeitenden Menschen. Der japanische Wissenschaftler Masaru Emoto hat mit berührenden Bildern aus Wasserkristallen nachgewiesen, wie Worte, egal in welcher Sprache, die Wasserqualität beeinflussen.

Heute nutze ich den kleinen Schneefleck für einen anderen Zauber. Mit einem Haselstab male ich ein Symbol hinein. Ein einfaches. Ich male nur zwei kleine Strichmännchen, die Rücken an Rücken stehen, und setze die Namen eines befreundeten Paares darunter. Dann ziehe ich einen Kreis um alles. Bei den beiden ist Funkstille. Beziehungskrise. Im Stillen bitte ich darum, dass die Stagnation, das Festgefahrene, einfach schmilzt so wie der Schnee in der Sonne.

Natürlich ist das abgesprochen. Man darf nie Magie für andere anwenden, wenn sie nicht zugestimmt haben.

Wenn der Schnee tatsächlich morgen geschmolzen ist … Ich schicke in Gedanken noch einmal den dringenden Wunsch nach oben, bedanke mich leise und gehe.

Der März steht auch für Neuanfang, und daher will ich das Alte nicht nur aus Heim und Körper »putzen«, sondern mich auch von einer schlechten Angewohnheit befreien. Ich weiß, wo meine geliebte Gundelrebe schon die ersten saftigen Ausläufer hat. Ich trage ihr mein Anliegen vor, dann pflücke ich einige Triebe und bedanke mich. Wenn du eine Pflanze magisch anwenden möchtest, dann musst du ihr mitteilen, welche ihrer Eigenschaften du zu nutzen gedenkst. Ich möchte, dass mir die Gundelrebe Schutz und Klarheit verschafft. Sie soll mir dabei helfen, die Dinge »heller« zu sehen – hellsehen.

Ich bin zufrieden. Obwohl noch vieles karg erscheint, kann ich nahezu täglich mehr frisches Grün wahrnehmen.

Zu Hause angekommen, schneide ich die Rinden klein und lege sie zusammen mit den ersten schüchternen Huflattichblüten zum Trocknen aus. Ein wenig Eschenrinde nehme ich beiseite. Die kommt in den magischen Vorrat.

* * *

Nach dem Ritual heute Abend werde ich mich mit Möhren-Bandnudeln mit Gundelrebe belohnen (siehe Rezept S. 62).

Dafür lege ich die Gundelrebe, die Möhren und die Nudeln auf meinen Küchenaltar. Ich schmücke ihn mit Blumen oder Steinen – du kannst ihn ganz so schmücken, wie es dir gefällt. Damit die Zutaten die gewünschten Schwingungen aufnehmen, stelle ich die entsprechenden Symbole hinzu. Das können Worte auf einem schönen Papier sein, geformte Steine, ein Schlüssel … Dabei geht es darum, was die Symbole für denjenigen bedeuten, der den Altar bestückt. Vielleicht stellst du ein Löwenbild dazu, wenn du um Kraft bittest, oder eine kleine Engelsfigur für Schutz. Wenn es um Probleme bei deiner Arbeit geht, kann auch dein Schreibzeug oder der Terminkalender dort liegen, um genügend Zeit und flüssiges Arbeiten zu symbolisieren. Lass deiner Fantasie freien Lauf. Noch mal: Es geht darum, was die Symbole für DICH bedeuten. Wenn dir gar nichts einfällt, dann schreib deinen Wunsch auf ein Blatt Papier und stell ein paar Blumen und eine weiße Kerze dazu.

Das Ritual im März

Im März-Ritual soll eine schlechte Angewohnheit abgelegt werden. Ich neige zum Beispiel zum Pessimismus. Mir fällt sofort alles ein, was früher mal schiefgegangen ist. Ich lebe oft im Gestern, nicht im Heute. Das will ich nun verbannen.

RITUAL ZUM ABLEGEN VON SCHLECHTEN GEWOHNHEITEN, GEFÜHLEN ODER GEDANKEN – BINDEZAUBER

Du brauchst:

* Die Elementesymbole für das Basisritual (siehe Seite 45)
* Einen Zettel und einen Stift
* Zwei viereckige Spiegel, größer als der Zettel – nimm billige Spiegel, sie werden später vergraben
* Gelbes Garn, eventuell eine Schere
* Sieben Blättchen Gundelrebe
* Ein Pappkästchen, in das die Spiegel hineinpassen.
* Wenn du magst, Räucherwerk: hier würde Beifuß passen

* Nimm eine reinigende Dusche oder ein Bad (siehe Seite 302f.) und ziehe frische Sachen aus Naturfasern an.
* Setze dich bequem hin und stimme dich ein. Überlege dir, was du loswerden willst. Nimm dazu ein Blättchen Gundelrebe und schnuppere dran, das klärt die Gedanken. Dann nimm das Papier und schreibe dein Problem auf. Bei mir steht jetzt hier: »Ich hänge zu sehr an der Vergangenheit und lass mich von ihr beherrschen. Das lässt mich die Gegenwart nicht leben.«
* Schreib dein Problem vorn und auch hinten auf das Papier.
* Jetzt beginne mit dem Basisritual, das ich im Februar beschrieben habe, und rufe die Elemente an (siehe Seiten 45/46).

* Nachdem das Basisritual beendet ist, halte dir dein Problem noch mal vor Augen. Dann lege das Blatt zwischen die beiden Spiegelscheiben, die spiegelnden Seiten schauen nach innen. Damit ist das Problem »gebannt«, es kann von dort nicht entweichen. Umwickle die Spiegel mit gelbem Garn, damit »bindest« du das Problem.
* Halte deine rechte Hand über das Paket. Wenn du willst, kannst du einen Spruch sagen wie: »Du bist gebunden, ich bin frei! Mit Zuversicht bin ich dabei.«
* Stell dir dabei vor, wie du ohne deine Angewohnheit lebst. Wie du zum Beispiel positiv, mit einem Lächeln erwachst und nur Gutes vom Tag erwartest. Spüre in dich hinein, in dein neues Lebensgefühl, auch wenn es sich zunächst nur wie eine Rolle in einem Theaterstück anfühlen sollte. Wenn du dein neues Ich »erlebt« hast, wenn du es fühlen konntest, beende das Ritual. Bedanke dich bei den Elementen und lösche die Kerze mit den Fingern (nicht auspusten) oder lasse sie unter Aufsicht ausbrennen.
* Das Päckchen soll nun weit weg von deinem Haus begraben werden. Notfalls kannst du das auch am nächsten Tag machen, bring es aber gleich nach dem Ritual zumindest vor die Haustür.

Jetzt belohnst du dich mit einem leckeren Essen. Und eine Belohnung hast du dir verdient. Trotz des Zaubers musst du auch selbst daran arbeiten, nicht in die Gewohnheit zurückzufallen.

Sollte dein innerer Schweinehund doch noch mal mit der schlechten Angewohnheit anklopfen, denk an das Spiegelpaket, das du dann hoffentlich weit weg vergraben hast. Außerdem kannst du hin und wieder ein Tässchen Huflattichtee trinken, der dein Durchhaltevermögen stärkt (siehe Seite 65).

Möhren-Bandnudeln mit Gundelrebe

500 g Möhren * 120 g Butter * Garam Masala
Salz, Pfeffer * 400 g Bandnudeln * 2 Handvoll Gundelrebenblätter
100 g frisch geriebener Parmesan

Die magischen Eigenschaften der Zutaten

Möhren – geben dir Energie,
um den guten Vorsatz durchzuhalten, erden dich
Butter – erhöht die spirituelle Energie, gibt Frieden
Garam Masala – gibt »Feuer«, damit man sich
nicht zurückfallen lässt
Salz, Pfeffer – reinigt, »feuert«
Nudeln – erden, schützen
Gundelrebenblätter – erden, reinigen,
bringen Klarheit und Schutz
Parmesan – überträgt Symbolenergie
(in Symbolen aufstreuen)

1. Die Möhren putzen und mit einem Spargelschäler in lange dünne Streifen schneiden. Ich habe mir in einige Streifen die Rune »Wunjo« geritzt, die für »Freude« steht (Sie sieht aus wie ein eckiges »P«). Normale Worte gehen natürlich auch.
2. 50 g Butter zerlassen, die Gewürze hinzugeben und kurz anschwitzen. Die Möhrenstreifen beifügen und unter Rühren kurz

andünsten. Die Küchenhexe stellt sich hierbei vor, wie sich ihr Problem mit dem Wasserdampf in Luft auflöst.

3. Mit etwas Wasser ablöschen und etwa 15 Minuten garen. Soll es ein bisschen magischer werden, kannst du dafür auch Wasser nehmen, das nach Professor Emotos Methode (das Gewünschte auf das Wasserglas schreiben) energetisiert wurde.
4. In der Zwischenzeit die Bandnudeln nach Packungsanweisung garen.
5. Die restliche Butter (70 g) zerlassen (die Probleme schmelzen im Geiste) und darin die Gundelrebe unter ständigem Rühren bei etwas höherer Temperatur kross anbraten. Die Butter darf nicht bräunen! Ein bisschen salzen. Voilà – Schutz und Reinigung in einer Knabberkruste.
6. Möhren und Nudeln anrichten und die krossen Blätter darüberstreuen.
7. Den Parmesan in einem extra Schüsselchen dazustellen, so kann jeder sein eigenes Symbol oder seinen Wunsch über das Gericht streuen.

Guten Appetit!

Tipp

Käse – echter Käse, kein Analogkäse – ist ein Magieverstärker. Du kannst Wünsche in Käsescheiben ritzen oder geriebenen Käse in Mustern aufstreuen.

Pflanzenrezepte

Vogelmierenöl

Lass frische Vogelmiere einen Mondlauf lang (28 Tage) in Olivenöl ausziehen. Ich gieße immer so viel auf, dass die Miere bedeckt ist. Bitte täglich umrühren. Bei einer bekannten Heilmittelfirma werden energetisch wirksame Öle in einem achteckigen Gewächshaus ausgezogen, morgens 33-mal für die Sonnenenergie und abends 28-mal für die Mondenergie umgerührt. Das musst du natürlich nicht tun, es ist aber eine Option, um noch ein wenig mehr Power in das Mazerat (= Auszug) zu bringen.

Du kannst das Öl pur zur Hautpflege benutzen oder es mit Bienenwachs zu einer Salbe kochen. Eine vegane Alternative zu Bienenwachs ist Candelillawachs. Als weitere Möglichkeit kannst du das Öl im Verhältnis 1:1 mit Sheabutter zu einem weichen Balsam verrühren.

Die Vogelmiere macht die Haut sehr weich, ist wunderbar zum Splitterziehen bei Kindern und hilfreich bei trockenen Ekzemen.

Huflattich – der Willensstärker

Eine Zeitlang war Huflattich aufgrund seiner Inhaltsstoffe (Pyrrolizidinalkaloide) in Verruf geraten, denn diese Stoffe sind in hoher Konzentration leberschädigend. Allerdings ist so ein Fall mit europäischen Pflanzen noch nicht vorgekommen, da man dafür eine extrem hohe Dosis zu sich nehmen müsste. Huflattich ist unser bester Pflanzenverbündeter, wenn es um Husten geht. Früher wurden seine Blätter zur »Bronchienpflege« sogar geraucht.

Huflattichtee wirkt bei hartnäckigem Husten. Wer trotz der Entwarnung des Bundesgesundheitsamtes verunsichert ist, hält sich an die Empfehlung der Behörde und genießt ihn maximal sechs Wochen im Jahr.

Auf der seelischen Ebene stärkt Huflattich den Willen und das Durchhaltevermögen. Damit hilft er mir, meinem Vorsatz treu zu bleiben. Ich kann unterstützend den Tee trinken (mit der Intention im Hinterkopf) oder auch drei getrocknete Blüten in mein Portemonnaie stecken, wo ich sie regelmäßig zu Gesicht bekomme.

Birke – belebende Frühlingsgöttin

Im März kannst du meist schon die ersten kleinen Birkenblättchen direkt vom Ast streifen. So jung sind sie noch nicht so bitter und können direkt auf Butter- oder Käsebrot genossen werden. Auch im Tee wirken sie belebend.

Werden die Knospen und Blätter in Öl ausgezogen (wie im Rezept Vogelmierenöl beschrieben), ergibt das ebenfalls eine hervorragende Hautpflege.

Frühlings-Tagundnachtgleiche – Ostern

Der Ostermorgen begrüßt mich mit einem strahlend blauen Himmel, dessen blassgelber Horizont mir den baldigen Sonnenaufgang ankündigt. Ich muss mich beeilen. Der Tradition meiner Familie folgend, will ich Osterwasser holen. Dazu bedarf es einer heiligen Quelle oder eines Baches, dessen Wasser von Ost nach West fließt. Das kostbare Nass wird vor Erscheinen der Sonnenscheibe in absoluter Stille geschöpft und schweigend nach Haus gebracht. Dort wird es dunkel und kühl verwahrt, bis es in Arzneien oder Heilkosmetik seinen Einsatz findet.

Da nicht mehr viele Menschen diesen Brauch kennen oder gar ausüben, hoffe ich, niemanden zu treffen. Es fiele mir nicht leicht, wortlos zu erklären, warum ich mir nicht mehr als ein freundliches Nicken abringen kann.

Aber das ist nicht die einzige Hürde für mein Vorhaben: Entdecke ich doch ein lichtes Fleckchen mit wunderschönen Veilchen. Ich kann nicht widerstehen und pflücke zwei Handvoll. Diese zarten Blumen verstärken jeden Liebes- oder Glückszauber und haben sich

in einer Salbe nach Hildegard von Bingen als äußerst heilkräftig bewährt.

Jetzt aber schnell! Endlich erreiche ich den Bach. Gerade als ich meine Kanne ins Wasser tauche, fällt mir das freundlich-helle Gelb von Himmelsschlüsselchen ins Auge, die am anderen Ufer zwischen den Wurzeln einer Weide wachsen. Echte Schlüsselblumen sind leider selten geworden und stehen zu Recht unter Naturschutz. *Primula veris,* die Erste des Frühlings, ist der wissenschaftliche Name der kleinen Schönheit. Diese Feenblume, die Schätze finden und die Jugend erhalten kann, ist magisch und naturheilkundlich ein kleiner Schatz. Ich lasse sie natürlich stehen und fühle mich darin bestärkt, genau hier mein Osterwasser zu schöpfen. Zwei Kannen, das sollte reichen!

Schnellen Schrittes eile ich heim. Ein Specht fühlt sich durch mich gestört und warnt die Waldbewohner mit kurzen, durchdringenden Rufen. In Gedanken entschuldige ich mich bei ihm. Auf dem Rückweg erblicke ich auch noch die ersten dicken Hopfensprossen. Ich seufze. Hopfenspaghetti gehören zu meinen Lieblingsspeisen, aber die Sprossen kann ich auch später noch holen. Genau wie die prächtig gelben Löwenzahnblüten, die sich jeden Moment öffnen werden, wenn die Sonne über den Horizont gleitet.

Die letzten Schritte laufe ich sogar, schließe hastig die Tür hinter mir und luge aus dem Fenster. Gerade noch rechtzeitig! Da kommt er, der gleißend helle Rand der Sonnenscheibe.

Ich stelle den Krug auf den Küchentisch, um das Wasser in Flaschen abzufüllen. Meine Veilchen breite ich auf einem Stofftuch aus. Um sie werde ich mich später kümmern. Wie jedes Jahr frage ich mich, warum ich nicht gleich mehr Wasser geholt habe. Aber Osterwasser ist etwas Besonderes. Das behandelt man mit Respekt.

* * *

Die Frühlings-Tagundnachtgleiche und das christliche Ostern haben energetisch die gleiche Qualität. Sie liegen zeitlich meist dicht beieinander. Ostern wird am Sonntag nach dem ersten Frühlingsvollmond gefeiert, also frühestens am 22. März, einen Tag nach der Tagundnachtgleiche.

Wenn du in diese Zeitqualität hineinspürst, wirst du das freudige Erwarten des neuen Lebens fühlen, das sich in Pflanzenknospen und ungeborenen Tierkindern ungeduldig rührt. Aber da ist noch mehr. Eine Balance, eine Ausgeglichenheit ist wahrnehmbar. Das ist die Harmonie der Tagundnachtgleichen. Die kannst du nutzen, um Ballast loszuwerden, alles, was dich aus dem Gleichgewicht bringt. Oder du setzt das Potenzial des Erwachens und Wachsens für deine Pläne ein.

In mir drängt die gleiche Ungeduld wie in den schlafenden Pflanzensamen, darum werde ich mit meiner Familie heute ein kleines Ritual abhalten. Wenn alle Ostereier gefunden sind, zaubern wir etwas für das gesunde Wachsen unserer Wünsche und Projekte.

Das Ritual zur Frühlings-Tagundnachtgleiche

RITUAL FÜR DAS GESUNDE WACHSEN UNSERER WÜNSCHE UND PROJEKTE

Du brauchst:

* Kleine Papiertütchen oder Umschläge, die du schon vorher mit den Kindern basteln kannst. Wer etwas mehr investieren möchte, kann auch kleine hübsche Dosen oder andere schöne Behälter verwenden.
* Pflanzensamen, vorzugsweise von Pflanzen, die du auch ziehen möchtest, dabei ist es nicht wichtig, ob es sich um Zier- oder Nutzpflanzen handelt. Wunderschön sind zum Beispiel »Mons-

tranzbohnen«, weil die Böhnchen ein Muster aufweisen, das wie ein kleiner Engel aussieht.
* Ein paar farbige Kerzen
* Wenn du magst, Räucherwerk, zum Beispiel Waldmeister, Lavendel oder Lärchenharz
* Evtl. die Elementesymbole für das Basisritual (siehe Seite 45)

Fülle die Samen in die Tütchen oder Behälter, die du mit dem Pflanzennamen und dem jeweiligen Wunsch oder Projekt beschriftest, zum Beispiel »Ringelblume – viele neue Kunden«. Für ein Kind vielleicht: »Sonnenblume – in Deutsch eine bessere Note bekommen.« Außerdem kann das Tütchen noch mit Symbolen für den Wunsch bemalt werden. Wer sein Bankkonto wachsen sehen möchte, malt Währungszeichen oder klebt einen Cent dazu. Glücksschweinchen, Glücksklee, Glückspilze – deiner Fantasie sind keine Grenzen gesetzt. Vielleicht wählst du auch ein Bild deines Ziels: ein Buch, das Fahrrad, für das du Geld ansparen möchtest, den Freundeskreis, den du gewinnen möchtest. Es ist alles erlaubt, was dir gefällt und für dich deinen Wunsch repräsentiert.

Wenn die Vorbereitungen abgeschlossen sind, sucht euch einen schönen Platz aus – bei schönem Wetter gern im Freien – und macht euch für das Ritual bereit.

* Arbeitest du allein, dann beginne mit der Anrufung der Elemente, wie im Basisritual (siehe Seite 45) beschrieben. Wenn ihr als Familie arbeitet, solltest du das Ganze verkürzen.

* Nehmt die Tütchen mit, vielleicht auch ein paar bunte Kerzen und etwas Räucherwerk. Zum Räuchern würden sich Waldmeister und Lavendel eignen, die für Lebensbejahung und Neubeginn stehen. Solltest du etwas Lärchenharz im Vorrat haben, nimm auch gern davon, das lieben die Naturgeister und Elfen.
* Setzt euch im Kreis hin. Die Samentütchen haltet ihr in der Hand. Entzünde Kerzen und Räucherwerk. Nun atmet tief ein und erspürt die Frühlingsenergie, die euch umgibt, den besonderen Frieden, der nur zur Osterzeit so intensiv wahrzunehmen ist. Spürt das vibrierende Potenzial, das im Boden schlummert, die Energie der fruchtbaren Erde zur Frühlings-Tagundnachtgleiche. Stellt euch vor, wie die ersten kleinen Wurzeln sich strecken und Samen aus der Schale drängen, die Energien des Mutterbodens in sich aufsaugend. Spürt das Erwachen des Lebens zu euren Füßen und um euch herum, stärker und stärker werdend. Stellt euch vor, wie alles wächst und schon bald als üppige Vegetation euer Umfeld schmücken wird.
* Jetzt konzentriert ihr euch auf die Tütchen in euren Händen. Stellt euch vor, wie auch diese Samen vor Energie vibrieren, wie auch sie kurz davor sind, prall zu wachsen und zu stattlichen Pflanzen zu werden. Und gleichzeitig mit ihnen wächst auch euer Projekt. Stellt euch vor, wie das Sparschwein runder wird, wie die Lehrerin mehr und mehr lobende Worte findet. Wenn ihr euer Ziel plastisch vor Augen habt, es euch richtig

vorstellen könnt, haucht ihr einmal über das Tütchen und sagt leise:

»So wie das Pflänzchen gut gedeiht,
sich ein Schritt an den anderen reiht.
Und wenn es steht in voller Pracht,
sei mein Wunsch perfekt vollbracht.«

* Wenn jeder seinem Wunsch Leben eingehaucht hat, nehmt euch bei den Händen, sprecht »So sei es«, lächelt euren Nachbarn zur Linken und zur Rechten noch einmal an, dann löst die Hände.
* Stellt die Kerzen und das Räucherwerk an einen Platz, wo beides sicher ausbrennen kann, oder löscht die Kerzen mit den Fingern (nicht ausblasen!).
* Wenn ihr wollt, könnt ihr eure Erfolgssamen auch gleich einsäen.

Selbstverständlich solltet ihr euch während des Jahres um die Pflanzen kümmern, wobei ihr symbolisch gleichzeitig für euer wachsendes Projekt Sorge tragt. So verliert ihr es nicht aus den Augen und bleibt fokussiert. Was ihr magisch in Gang gesetzt habt, müsst ihr weltlich auch unterstützen. Wer das Sparschwein regelmäßig schlachtet, bekommt das Geld für ein Fahrrad nicht zusammen.

Rezepte zum Ritual

Das Festessen für Ostern oder die Tagundnachtgleiche unterstützt das Ritual. Die Fichtenspitzen für das Dessert habe ich einen Tag zuvor zubereitet, da die Masse Zeit zum Gelieren braucht. Die Zutaten, die nicht gekühlt werden müssen, kommen auf den Küchenaltar, damit sie die gewünschten Energien aufnehmen. Sie stehen in Schälchen und Schüsselchen neben einer maigrünen Kerze, Eiern (Eier sind, abgesehen von der christlichen Bedeutung, das Symbol des Werdens und der Fruchtbarkeit) und einem Sträußchen Narzissen auf einem Heukranz (Wohlstand/Fruchtbarkeit).

Seelachs in Bärlauch-Nuss-Hülle

2 Seelachsfilets ✱ Saft von 1 Zitrone ✱ Salz, Pfeffer ✱ 60 g weiche Butter
40 g Semmelbrösel ✱ 30 g geh. Walnüsse ✱ 2 TL gehackter Bärlauch
3 Schalotten ✱ 3 Stangen grüner Spargel ✱ 100 ml Riesling
etwas Butter zum Einfetten

Die magischen Eigenschaften der Zutaten

Seelachsfilets – das Unbewusste, Gefühle, Intuition
Butter – Spiritualität
Semmelbrösel – Wohlstand
Walnüsse – Verbindung mit göttlicher Energie, Wunscherfüllung
Bärlauch – schützt und stärkt den Familienzusammenhalt und die Willenskraft
Riesling – Fruchtbarkeit, Geld, Gartenmagie
Salz, Pfeffer – Schutz, Reinigung, Mut
Zitrone – Reinigung, Schutz, Beseitigung von Blockaden
Schalotten – Wohlstand, Stabilität, Schutz
Grüner Spargel – Fruchtbarkeit, »Startschuss«, Beginn
Butter zum Einfetten – Wohlstand, Frieden

1. Die Seelachsfilets bei Bedarf entgräten und trocken tupfen. In eine Schale legen, mit Zitronensaft beträufeln, salzen, pfeffern und 10 Minuten marinieren. Wenn du es perfekt machen willst,

kannst du eine Glasschüssel nehmen, unter der ein Zettel mit deinem Zauberziel liegt. So nimmt der Fisch die Schwingung deines Wunsches auf. Das solltest du aber nur tun, wenn du allein isst, denn dein Wunsch gilt ja nur für dich. Wenn du mit deiner Familie feierst, lass den Zettel weg oder schreibe etwas Neutrales, wie »Glück« oder »Schutz« auf den Zettel.

2. Für die Panade die Butter mit Semmelbröseln, gehackten Nüssen und gehacktem Bärlauch mischen. Die Bröselmischung auf die marinierten Filets streichen und etwas andrücken. Natürlich kannst du auch hier Schutzsymbole in die Panade zeichnen. Nach dem Garen werden sie kaum noch sichtbar sein, was aber die Wirkung nicht mindert.
3. Die Schalotten hacken, den grünen Spargel würfeln. Eine Auflaufform einfetten, Schalotten und Spargel hineingeben, den Riesling angießen und die Filets in die Form legen.
4. 10 Minuten im Backofen bei Grillfunktion garen.

Fichtenspitzengelee

500 g Fichtenspitzen
200 g Zucker * 200 ml Weißwein
200 ml Mineralwasser * 4 Blatt eingeweichte Gelatine
Etwas Zitronensaft

Die magischen Eigenschaften der Zutaten

Fichtenspitzen – Schutz- und Mutterbaum, Tröster, Manifestierer
Zucker – Liebe
Weißwein – Mondkräfte, Zugang zum Intuitiven, Geld, Gartenmagie
Gelatine – Hier: Mani»fest«ierung des Zaubers
Zitronensaft – Reinigung, Schutz, Beseitigung von Blockaden

1. Fünf Fichtenspitzen hacken und beiseitelegen.
2. Den Zucker in einer Pfanne heiß werden lassen, dabei ständig rühren, bis er braun wird (nicht zu dunkel!), also karamellisiert. Mit Wein und Wasser ablöschen und die Masse noch einmal aufkochen lassen.
3. Die Fichtenspitzen dazugeben, alles erneut kurz aufkochen und danach 20 Minuten ziehen lassen. Den Sirup abseihen und die kleingehackten Fichtenspitzen zufügen.

4. Die ausgedrückte Gelatine unter Rühren in dem Sirup auflösen und einen Spritzer Zitronensaft hinzugeben.
5. Die Masse in Dessertschälchen füllen und für mindestens fünf Stunden kaltstellen. Auch hier darfst du nach dem Erstarren Symbole hineinritzen.
6. Zu diesem spritzigen Gelee schmecken Walderdbeeren mit einem Klecks Sahne.

Genieße die köstliche Mahlzeit, die dich mit jedem Bissen deinem Ziel näher bringt. Und denk daran: Zauber muss man loslassen, damit sie wirken. Das geht wunderbar mit Lachen, also habt Spaß!

Eine gesegnete Tagundnachtgleiche oder: Frohe Ostern!

Pflanzenrezepte

Schlüsselblumentee gegen Stress

Schlüsselblumentee wirkt rasch und stark beruhigend. Übergieße 1 Teelöffel getrocknete und zerkleinerte Blüten mit 150 ml heißem Wasser. Nach 5–10 Minuten abseihen. Etwas Honig verstärkt die Wirkung.

Schlüsselblumenwein für Zuversicht

Der deutsche Arzt und Apotheker Tabernaemontanus empfiehlt in seinem »New Kreuterbuch« von 1588 einen Schlüsselblumenwein gegen »Blödhaupt und Gehirnverschleimung«. Dazu lässt er Schlüsselblumenblüten drei Wochen in Weißwein ziehen.

Nun, ich weiß nicht wirklich, was der Gelehrte mit seiner Diagnose meint, aber ein Likörgläschen Schlüsselblumenwein kann dir innere Geheimnisse »entschlüsseln«. Die Feenblume schenkt dir die Kräfte des Anfangs und der Zuversicht. Bitte denke aber daran, dass die Schlüsselblume geschützt ist. Ihre Blüten bekommst du im Kräuterhandel, oder du pflanzt sie in deinem Garten an.

April – Saatmond

Der Frühling ist nicht mehr aufzuhalten. Die Frühblüher blühen um die Wette, und die Hormone springen. Jetzt ist die beste Zeit für Frühlingskuren. Mit frischen Kräutern und Knospen, die wahre Nährstoffbomben sind, kann unser Körper nach dem Winter richtig auftanken. Was auch der Grund des Erfolges der Knospenkur nach Pfarrer Künzle ist: »*Dieser Tee reinigt und säubert den ganzen Leib. Hat schon ganz elend kranke Menschen wieder gesund und blühend gemacht. Der verlorene Appetit kehrt wieder. Kopfweh und Druck im Leibe sind fort. Die Mehlsackfarbe vergeht, der Totengräber kann seine Schaufel wieder in den Schopf stellen.*«

Die Kräuterkräfte sind mächtig in dieser Zeit. Das erste Gänseblümchen im Frühling, pur genossen (ein Gänseblümchen strotzt vor Vitamin C), soll Gesundheit für das ganze Jahr bringen. Auch leckere Salate mit Giersch und Gundermann geben mir Power und steigern mein Energielevel. Brennnessel und Löwenzahn bieten ihre Kräfte an, ich brauche sie nur noch anzunehmen. Darum bin ich heute gegen meine Gewohnheit mit einem Sammelkorb statt nur mit kleinen Tüten unterwegs. Es darf eben ein bisschen mehr sein. In Wald und Flur berge ich heute den Schatz, der Körper und Seele wieder in Einklang bringt. Und nicht nur das: Auch meine Geschmacksnerven werden entzückt sein!

Zum Leidwesen meines Rattlers kommen wir nur langsam vorwärts. Behutsam sammle ich die ersten schwellenden Knospen. Da ich keinen Raubbau an der Pflanze treiben möchte, nehme ich immer nur ein paar von den Seitentrieben und gehe dann zur nächsten. Für die Frühjahrskur nach Künzle benötige ich die frischen Triebe oder auch Knospen von essbaren Laub- und Nadelbäumen sowie von Dornensträuchern. Dornige Gewächse haben es Kneipp besonders angetan. Die dürfen in der Mischung auf keinen Fall fehlen. So sammeln sich allmählich kleine Perlen und Triebspitzen von Weißdorn, Schlehe, Birke, Rose, Himbeere und Brombeere in einer Papiertüte, während der schmackhafte Giersch in meinem Körbchen landet. Er wird die Hauptzutat für mein heutiges Gericht. Die Crostini mit Gierschpesto (siehe Seite 91) sind so lecker, dass ich den Giersch in meinem Garten schon ausgerottet habe. Leider …

Auch ein wenig Lärche finde ich. Sie wird den Tee für meine Frühjahrskur mit ihrem spritzig-zitronigen Aroma abrunden und Vitamin C spenden.

Während meiner vierwöchigen Kur brauche ich jeden Tag eine Handvoll Knospen und Triebe für meinen Tee. Aber ich sammle ein bisschen mehr. Ich will die geheimnisvollen Kräfte über das Jahr erhalten.

Als ich drei zarte Fiederblättchen der Eberesche pflücke, ruckt es kräftig an der Leine. Ein Großteil meiner Schätze wird aus dem Körbchen geschleudert. Ich verkneife mir einen Fluch. Bevor ich mein Sammelgut wieder aufklaube, schaue ich, was meinen Hund so aus der Reserve gelockt hat. Aber ich sehe nichts. Ich höre auch

nichts. Was ungewöhnlich ist für einen Rattler. Er steht da wie ein Jagdhund, ein Vorderbein angewinkelt, und schnuppert. Langsam beuge ich mich hinunter, sammle meine Kräuter wieder ein und frage ihn leise, was denn »da« wäre. Keine Antwort – natürlich! Er steht wie angewurzelt, und ich schaue mich noch einmal um, ob ich den Grund für seine Aufregung entdecken kann.

Zunächst sehe ich nichts. Dann erblicke ich das gut getarnte Tier: Am Ufer des kleinen Baches duckt sich eine Schnepfe eng an den Untergrund. Eine Schnepfe! Ich glaube, Schnepfen habe ich zuletzt in meiner Kindheit gesehen. Vorsichtig ziehe ich mich zurück, aber zu spät: Der scheue Vogel fühlt sich bedroht und fliegt davon, nicht ohne die anderen Waldbewohner schnarrend vor uns zu warnen.

Ich freue mich trotzdem. Ein Vogel, der für die spirituelle Bewusstheit steht, kann nur ein gutes Zeichen sein.

Eine Weile sehe ich ihm noch hinterher, und dann trollen wir uns. Es ist April, und die Wuchs- und Schubkräfte der Natur lassen mich immer wieder ehrfürchtig innehalten. Ich muss die so präsentierten Gaben einfach annehmen!

Darum wandern noch Brennnessel, Schafgarbe und einige junge Eschenzweige in meinen Korb. Ein beleidigter Blick von unten erinnert mich daran, dass wir nicht nur zum Ernten unterwegs sind. Ich habe meinem kleinen Begleiter ein wenig Toben in der Frühlingssonne versprochen, was auch gleich umgesetzt wird. Ich muss ja nicht alles an einem Tag ernten.

* * *

Zu Hause angekommen, sortiere ich meine Schätze: eine Handvoll Knospen und Triebe für meinen Kurtee nach Künzle, je sieben Knospen für mein Knospensalz, dem ich auch noch etwas Schafgarbe und Gundelrebe beifüge, die Ebereschenblätter werden mit Birkenzucker zu Zahnputzpulver verrieben (siehe Seite 94).

Aus einigen frischen Giersch- und Brennnesselblättern sowie Melisse aus meinem Garten mache ich mir einen grünen Trunk. Ich gebe die Kräuter mit Wasser in den Mixer und zerkleinere alles. Diese Chlorophyll- und Sauerstoffportion wird mich stärken. Ich habe heute noch viel vor.

Der April ist der »Saatmond«. Was wir später ernten wollen, säen wir jetzt in vorbereitete Erde. Das gilt auch für meinen Körper und meine Seele. Ich werde sie vorbereiten, indem ich »loslasse«, also entgifte. Auf körperlicher und seelischer Ebene. Reinigen und Entgiften gehören zur regelmäßigen Gesundheitspflege, die Kur im April können wir mit dem jährlichen »Frühjahrsputz« gleichsetzen.

Das Ritual im April

Das Ritual, um körperlich und seelisch zu entgiften, führst du bei Neumond oder abnehmendem Mond durch.

Bei diesem Ritual ist eine körperliche Reinigung zur Vorbereitung besonders wichtig. Dusche dich, wie beim Reinigungsritual im Januar (siehe Seite 302f.) beschrieben, oder nimm ein Bad im Salzwasser. Danach reinige den Platz, an dem du arbeiten möchtest. Wenn du im Haus zauberst, kehre den Platz mit einem Besen, den du optimalerweise nur zu diesem Zweck nutzt. Dabei beförderst du tatsächlichen und energetischen Müll zur Tür hinaus. Danach räuchere den Raum bei geöffneten Fenstern mit Salbei, Wacholder oder Beifuß aus. Wenn du ausschließlich im Freien arbeiten kannst, setze nur das Räucherwerk ein.

KÖRPERLICH UND SEELISCH ENTGIFTEN

Du brauchst:

* Die Elementesymbole für das Basisritual (siehe Seite 45)
* Räucherstövchen, Räucherwerk (Salbei, Wacholder oder Beifuß)
* Eine kleine weiße Kerze (pro Teilnehmer)
* Papier, Stifte
* Wenn du draußen arbeitest, gern auch kleine Holzstücke oder -äste, die du beschriften kannst
* Ein feuerfestes Gefäß zum Verbrennen des Papiers /des Holzes

* Beginne mit dem Basisritual (siehe Seite 45).
* Wenn du dich verbunden hast, sammle dich.
* Denk darüber nach, was du loswerden willst. Körperlich hast du »Entgiftung« als Ziel. Vielleicht willst du auch ein paar überflüssige Pfunde loswerden. Aber wenn wir schon dabei sind, können auch noch seelische »Gifte« mit auf den Zettel. Negative Gedanken, die in deinem Kopf kreisen, schlechte Erinnerungen und Erlebnisse, die sich immer wieder in den Vordergrund drängen.
* Das kommt alles auf den Zettel. Schreib alles auf, was du loslassen willst. Schwierige Probleme und komplizierte Altlasten brauchen vielleicht etwas mehr Zeit. Diese ritzt du in die weiße Kerze. Wenn du statt Papier Holz nehmen möchtest, weil du draußen arbeiten kannst, dann beschrifte dieses.

* Wenn du alles Loszulassende aufgeschrieben oder eingeritzt hast, entzünde die weiße Kerze. Sieh, wie deine Probleme langsam schmelzen. Stell dir Szenen vor, in denen die Probleme verschwinden. Fühle, wie es dir geht, ohne negative Erinnerungen oder belastende Gedanken. Spüre, wie sich ein Leben in einem vitalen, gesunden Körper anfühlt. Beobachte noch eine Weile die Kerze, bleib in der Stille und konzentriere dich auf das Ziel. Öffne dich für Bilder und Gefühle, die hochkommen.
* Wenn du die gewünschten Veränderungen gut spüren kannst, dann verbrenne die Zettel oder die Hölzer mit den kleineren Problemen. Dazu brauchst du das feuerfeste Gefäß, im Falle von Hölzern auch einen Feuerstarter, wie zum Beispiel einen Grillanzünder (bitte nur im Freien verwenden!).
* Wenn du das Gefühl hast, dass du dich von deinen emotionalen und körperlichen Schlacken geistig getrennt hast, beende das Ritual. Verabschiede dich in Gedanken oder mit einigen selbst gewählten Worten von allem, was du nicht mehr brauchst. Nimm die Asche und lass sie vom Winde verwehen. Bedanke dich bei den Elementen und dem Universum (oder deinem Schöpfer) für die Hilfe und Unterstützung. Stell dir noch einmal vor, wie sich dein Leben ohne geistige oder körperliche Gifte anfühlt.
* Die Kerze ist vermutlich noch nicht abgebrannt. Das macht nichts. Suche einen Ort, wo sie das kann (vielleicht in der Badewanne). Sollte auch das Holz noch nicht verascht sein, gib

ihm die Zeit (unter Aufsicht). Diese Asche kannst du auch am nächsten Tag noch in den Wind streuen und die Bilder deines neuen Seins noch mal aufleben lassen.

* Solltest du die Kerze löschen müssen, dann bitte mit zwei Fingern oder einem Kerzenlöscher. Nicht auspusten! Entzünde sie dann später erneut und lass sie abbrennen.
* Freue dich auf dein »lastenfreies« Leben!

Rezept zum Ritual

Nach diesem etwas aufwändigeren Ritual gibt es ein schnelles, aber nichtsdestotrotz leckeres Essen: Crostini mit Gierschpesto. Glaub mir, wenn du die einmal gekostet hast, heißt du das oft ungeliebte Unkraut in deinem Garten willkommen!

Crostini mit Gierschpesto

100 g junge Gierschblätter * 100 g Parmesan
100 g Pinienkerne * 2 große Knoblauchzehen
100 ml Olivenöl * 1 TL Salz * etwas Weißbrot oder Baguette

Die magischen Eigenschaften der Zutaten

Gierschblätter – stärken das Durchsetzungsvermögen und die Ich-Kraft
Parmesan – magischer Katalysator
Pinienkerne – Kraft
Knoblauch – Schutz
Olivenöl – Schutz, Heilung
Salz – Reinigung
Weißbrot – Wohlstand

1. Den Giersch zusammen mit dem Parmesan, den Pinienkernen und dem Knoblauch zerkleinern, bis die Masse die Konsistenz einer Paste hat. In der Küchenmaschine oder im Mixer geht das fix, aber mit dem Mörser könntest du beim Zerreiben noch deinen Zauber verstärken, indem du während der Arbeit die Absicht rezitierst (z.B. »Schnell werd ich mein Ziel erreichen, alle Schlacken sollen weichen!«).
2. Olivenöl und Salz unterrühren und das Pesto in ein Glas füllen. Eventuell musst du etwas Olivenöl nachgießen, es muss

ein wenig über der Paste stehen, damit sie nicht verdirbt. Aber keine Angst, die ist so lecker, die wird eh nicht lange stehen bleiben.

3. Wenn du möchtest, kannst du auf das Glas deine Wünsche schreiben, in Text- oder Symbolform.

Nun kommt das Gläschen zusammen mit dem Brot bzw. Baguette auf deinen Küchenaltar. Hier stehen außerdem Gegenstände, die dein Ziel repräsentieren: zum Beispiel eine weiße Kerze für Reinigung, ein Bild von einem Kleid, in dessen Größe du passen möchtest, eine Sportart, die du erlernen möchtest, wenn du fitter bist … Lass deiner Fantasie freien Lauf! Natürlich kannst du, wie immer, einen schönen Zettel mit deinem handgeschriebenen Ziel dazustellen. Dein kleiner Altar soll dir einfach Lust auf das Ergebnis machen.

Nachdem die Zutaten einige Zeit die positiven Energien aufnehmen konnten, darfst du genießen. Toaste die Brot- oder Baguettescheiben leicht an und bestreiche sie mit dem Pesto. Zusammen mit einem Glas deines Lieblingsweins hast du ein leichtes, köstliches Abendessen, das auch Körper und Seele guttut!

Wohl bekomm's!

Pflanzenrezepte

Knospensalz

Das Salz, das du im Februar (siehe Seite 50) gemischt hast, wird ergänzt mit Schafgarbe, Gundelrebe, Löwenzahn, evtl. auch Wegerich, Veilchen und Hirtentäschel. Es kommt ganz darauf an, was zurzeit wächst und was du magst. Selbstverständlich kannst du auch jedes andere Kräutlein hinzufügen.

Damit haben wir kein pures Knospensalz mehr. Du kannst natürlich jederzeit dein Salz in mehrere Portionen teilen und zum Beispiel eines nur mit Knospen und eines mit allen Kräutern des Jahres herstellen. Hier hast du wirklich ein weites Feld zum Experimentieren. Da die Knospen die wertvollste Zutat darstellen, erlaube ich mir, es auch weiterhin Knospensalz zu nennen.

Kräuter, die du nicht kennst, bitte nicht nehmen!

Zahnputzpulver

Zerreibe im Mörser 1 Esslöffel Birkenzucker mit drei kleinen, ganz jungen Ebereschenblättchen.

Wenn dir der marzipanartige Geschmack, den die Eberesche dem Pulver verleiht, zu exotisch ist, kannst du auch Salbei oder Pfefferminze verwenden.

Giersch

Sollte wider Erwarten etwas vom Giersch übrig sein, dann kann er direkt in einem Frühlingssalat verarbeitet werden. Hierfür am besten die noch gefalteten jungen Blätter sammeln. Auch das Pesto wird mit so jungen Gierschblättern noch köstlicher.

Das ist die leckerste Art, die Kräfte des Gierschs aufzunehmen. Er ist unverwüstlich und behauptet seinen Platz. Kerngesund strotzt er vor Lebendigkeit. Genieße den Giersch und nimm seine Kräfte dankbar an.

Du bist eine Vollblutgärtnerin und musst »das Unkraut« Giersch einfach jäten? Jetzt tun dir alle Knochen weh? Der Giersch ist nicht nachtragend. Nimm die abgewaschenen Wurzeln und bereite dir ein Vollbad. Dazu kochst du sie auf, nimmst den Topf vom Herd und lässt die Wurzeln noch 10 Minuten ziehen. Diesen Absud gibst du in dein Badewasser. Deine Gelenkschmerzen werden weichen.

Apfelblüte

Nutze die Apfelblüten für ein Schönheitsbad. Ziehe dazu eine Handvoll der zarten Blüten in Mandelöl aus. Olivenöl wäre dafür zu »schwer«. Eine Beschreibung für einen Ölauszug findest du auf Seite 65 (Vogelmierenöl). Auch hier bitte wieder einen Mondlauf (28 Tage) ziehen lassen.

Das Öl eignet sich zur Hautpflege und als Badezusatz.

BELTANE BIS LUGHNASADH

Zeit des Wachsens

Beltane läutet im phänologischen Kalender
den Beginn des Sommers ein. Die Monate Mai bis Juli
sind die Zeit des Wachstums, in der die Pflanzen sprießen,
blühen und Früchte tragen.

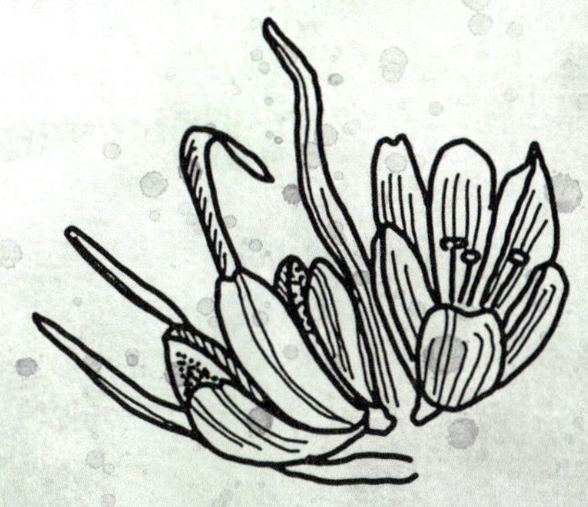

Die Natur beginnt den Sommer mit der Blüte des Holunderstrauches, und die Imker bringen die ersten Honigernten ein. Beltane, das in der Nacht zum 1. Mai gefeiert wird, markierte in vorchristlichen Zeiten den Sommerbeginn. Die Saat war ausgebracht, und nun sollten, durch das fröhliche Feiern der Menschen animiert, die Fruchtbarkeitsgeister hilfreich zur Seite stehen.

Die Blüte der Sommerlinde und die Reife der Johannisbeeren künden zur Sonnenwende den Hochsommer an. Mit der ersten Apfelernte und den leuchtenden Ebereschen geht er Ende August fließend in den Spätsommer über, der schon die ersten würzigen Aromen des Herbstes in sich trägt.

* * *

Ein leiser Windhauch bringt das Laub der Pappeln zum Erzittern. Unzählige Gräser beugen sich, erweisen dem Sommer ihre Referenz. Die zarten Wiesenblumen locken tanzende Schmetterlinge mit ihrem Farbenspiel und verzaubern mit ihren Düften unsere Sinne. Die Sonnenuntergänge tauchen die Landschaft in ein leidenschaftliches Rot, und laue Nächte locken mit romantischen Versprechen.

Doch nicht nur die Abende haben ihren Reiz. Wer es schafft, trotz der schmerzhaft frühen Stunde einen Sonnenaufgang zu erleben, wird mit einem großartigen Schauspiel belohnt. Schon lange bevor die Sonnenscheibe den Horizont streift, glüht der Himmel. Es ist ruhig, eine verheißungsvolle Urstille, ein Nichts. Eine fast greifbare Leere. Dann der gleißende Rand des Himmelskörpers, der sich in wenigen Minuten ganz ins Blickfeld schiebt. Es ward Licht. Eine Kurzform der Schöpfung. Ehrfurcht gebietend.

Ich weiß nicht, warum ein Sonnenaufgang im Sommer so ein tiefgreifendes Erlebnis ist. Meine Worte reichen auch gar nicht aus, es zu beschreiben. Man fühlt sich energetisiert und aufgeladen. Dieses Hochgefühl hält den ganzen Tag an. Vielleicht ist es wirklich der frühen Stunde geschuldet und der daraus folgenden absoluten Stille, die heutzutage Luxus ist.

Irgendwann haben mein Mann und ich beschlossen, uns nicht mehr mit der Suche nach einem besonderen Geburtstagsgeschenk zu belasten. Wir sind beide zufrieden und haben keine großen Wünsche. Damit ein Geburtstag trotzdem ein besonderer Tag wird, genießen wir den Sonnenaufgang. Je nachdem, wer von uns beiden dran ist, mit einem Becher heißem Kakao im Schnee oder mit einem Prosecco am Strand. Das schönste Geschenk ist immer noch, Zeit füreinander zu haben und gemeinsam Dinge zu erleben.

Im Gegensatz zum frischen, saftigen Frühling ist der Sommer aromatisch und trocken. Wildgemüse stehen kaum noch auf dem Speiseplan, jetzt kommen die ätherischen Öle. Es ist die Zeit der Würz- und Heilkräuter.

Natur und Magie fördern in dieser Zeit das Wachstum. Heilzauber und andere unterstützende und nährende Magie entfalten eine größere Wirkung. Mutter Natur breitet ihre grünen Schwingen über uns aus und versorgt uns mit ihren heilkräftigen Kindern. Diese Kräfte erreichen zu Mittsommer ihren Höhepunkt und begleiten uns bis Lughnasadh, dem ersten Erntefest.

Beltane – Walpurgis

»Die Flamme reinigt sich vom Rauch:
So reinig' unsern Glauben!
Und raubt man uns den alten Brauch:
Dein Licht, wer kann es rauben!«

Goethe, »Die erste Walpurgisnacht«, Chor der Druiden

Beltane (sprich: Beltain) steht im Jahreskreis Samhain (sprich: ßau-en) gegenüber und entspricht der Mitte zwischen Frühling und Sommer. In vorchristlichen Zeiten markierte Beltane den Sommerbeginn. Der Schleier zwischen den Welten ist zu dieser Zeit sehr dünn, doch anders als zu Samhain, das uns den Kontakt mit den Ahnen ermöglicht, haben wir nun die Chance, den Naturgeistern zu begegnen. Beltane-Magie ist besonders stark und nachhaltig. Es ist eine günstige Zeit für Wohlstands- und Stabilitätszauber. Und natürlich für die Liebe! Die Fruchtbarkeitsmagie ist auf ihrem Höhepunkt. Sie durchströmt alles.

Heute befinden sich Apothekerfläschchen mit Pipettenaufsatz in meinem Sammeltäschchen. Ich gehe allein. Nichts soll meine Wahrnehmung stören. Abenteuerlustige beschwören heute vielleicht Pan, doch da ich seine Art von Humor kenne, werde ich mich tunlichst davor hüten.

Ich bin noch gar nicht weit gegangen, da juckt es mich schon in den Fingern: Auf der Wiese steht der Löwenzahn in voller Pracht. Ich seufze wohlig und zufrieden. Natürlich werde ich die Blüten mitnehmen. Zumindest einen Löwenzahnsirup werde ich kochen. Wenn ich die Zeit erübrigen kann, vielleicht sogar einen Löwenzahnwein ansetzen. Schmackhafter kann ich die Walpurgisenergien gar nicht einfangen. Doch die prallen gelben Sonnen sind erst auf dem Rückweg dran. Viel zu schnell würden sie sich schließen oder in Samenreife übergehen.

Ich muss mich sputen. Die Sonne hat den Morgentau schon an vielen Stellen verdunsten lassen, doch genau den will ich heute sammeln, mit den magischen Qualitäten von Beltane.

Endlich erreiche ich das verwunschene Plätzchen, an dem er wächst: mein Frauenmantel. Schnell nehme ich mit der Pipette einige Tropfen von den Blättern ab, die genau genommen kein Tau sind, sondern von der Pflanze selbst ausgeschieden werden. Um nichts zu verschwenden, lege ich noch ein paar Wattepads drauf, die den Rest wegsaugen. Sie kommen in einen Gefrierbeutel. In ein anderes Fläschchen sammele ich dann echten Morgentau von den umliegenden Pflanzen. Auch Weißdornblütentau wird abgesammelt. Eine wunderbare Zutat für stärkende Männerelixiere.

Jetzt kann ich mir etwas Zeit lassen. Für Ritual und Speise benötige ich heute frische Hopfentriebe und die ersten Rosenblüten. Nach Letzteren muss ich suchen, denn für Rosen ist es noch recht zeitig im Jahr. Notfalls muss ich eine Gärtnerei oder meinen Vorrat an getrockneten Blüten bemühen.

Der Hopfen ist mir sehr gnädig, die Rose leider nicht. Die Löwenzahnblüten kommen mit. Auch andere Frühjahrsblüher und natürlich Flieder wandern in meinen Sammelkorb. Die Nase liebt mit. Womit ich es verraten habe, mein heutiges Ritual. Es wird ganz der Liebe gewidmet sein.

Als ich meinen Korb vor der Haustür abstelle, sehe ich mit Entzücken, dass meine Rose blüht. Zwei Blüten nur, aber das reicht. Na also! Zu Beltane ist alles möglich.

Die Wattepads werden eingefroren. Damit habe ich nicht nur ein wunderbares Hautpflegemittel, das direkt vom Pad aufgetragen werden kann, sondern sogar ein Pendant zu Dr. Bachs »Notfalltropfen« zu Haus. Der gesammelte Tau und die Frauenmanteltropfen kommen in den Kühlschrank. Was ich nicht gleich verwenden kann, werde ich später mit Alkohol konservieren. Dafür gebe ich den Tau in ein Gefäß und verdünne ihn mit der gleichen Menge 40%igem Trinkalkohol. Wenn du also ein 20-ml-Fläschchen hast, kommen jeweils 10 ml Tau und 10 ml Alkohol hinein. Sehr viel mehr wirst du von den kostbaren Tropfen kaum sammeln können. Sie sind in der Anwendung aber auch sparsam.

Die Blumen werden ins Wasser gestellt und der Löwenzahn ... Ja, mit dem Löwenzahn habe ich mir ein wenig Arbeit aufgebürdet. Ich muss jetzt schnell alle Blüten auszupfen, es darf kein Grün mehr an den Blütenblättern zu sehen sein. Schweren Herzens entscheide ich mich, doch nur Sirup zu machen, mehr Zeit kann ich heute nicht erübrigen. Also werde ich die Blüten nur kurz aufkochen, einige Zeit ziehen lassen und den Auszug mit Zucker und einer Vanilleschote bis auf Sirupkonsistenz einkochen. Später kann ich ihn weiter einkochen lassen, um Löwenzahnhonig zu machen, der eine festere Konsistenz hat als der Sirup. Während Letzterer leicht zähflüssig aus der Flasche dosiert werden kann, muss man den Honig mit dem Messer auf das Butterbrötchen streichen. Löwenzahnhonig ist so lecker, dass man genug davon machen sollte, um ihn über das Jahr genießen zu können.

Wer einem Likörchen nicht abgeneigt ist, kann auch einen sonnengelben, gesunden Magenschmeichler aus dem Sirup machen. Dafür mische ich die abgeseihten Blüten aus der Sirupherstellung sowie 100 ml des abgekühlten Sirups mit 1 l Obstler. Nach einem Mondlauf (28 Tage) seihe ich das Ganze ab und fülle den fast fertigen

Likör in Flaschen. Er muss noch mindestens drei Monate reifen, bis er genossen werden kann.

* * *

Es wird Zeit, das Haus vorzubereiten. Im Gegensatz zu unseren Ahnen werden wir uns nicht im Schein der Maifeuer hinter den Büschen vergnügen, sondern Beltane etwas zivilisierter begehen. Was nicht heißen soll, dass ich mich nicht vergnügen werde. Heute werden wir nicht nur Walpurgis feiern, sondern auch ein kleines Liebesritual anfügen, um die Romantik und Leidenschaft ein wenig anzufachen.

Zunächst beschrifte ich bunte Bänder mit den Wünschen und Gebeten für dieses Jahr und hänge sie im Garten in Bäumen und Büschen auf. Dann kommt ein Ebereschenzweig über meine Schlafzimmertür. Mit einem roten Band befestigt, schützt er den Raum und seine Bewohner. Da das Wetter uns geradezu verwöhnt, werden wir draußen feiern. Mein Mann hat schon ein kleines Lagerfeuer vorbereitet. Nach altem Brauch werden wir darüberspringen, um uns Glück und Gesundheit für das Jahr zu sichern. Auch der Kindersegen soll so gefördert werden, was aber nicht mehr mein Ziel ist. Unsere Ahnen trieben das Vieh zwischen zwei Maifeuern hindurch, um die Fruchtbarkeit der Tiere zu erhöhen.

Wer kein Lagerfeuer errichten darf, kann auch eine einfache Kerze nehmen.

Im Garten ist alles vorbereitet. Nun ist das Schlafzimmer dran.

Das Ritual zu Beltane

Wer kennt das nicht? Nach dem ersten Verliebtsein folgt der Alltag. Allzu leicht vergisst man (und frau), was am anderen geliebt und geschätzt wurde, das Feuer glimmt nur noch. Es gibt scheinbar wichtigere Dinge wie Karriere, Hausstand und natürlich die Kinder. Kinder sind immer wichtig, keine Frage. Aber hin und wieder müssen die Eltern an sich denken. Das kommt letztlich der ganzen Familie zugute.

Heute Abend werden wir also das Feuer wieder etwas anfachen, werden ausgraben, was der Alltag gern verschwinden lässt. Dazu richte ich zunächst das Schlafzimmer her und räume es auf. Bügelbrett, Wäscheberge oder gar Heimbüro haben hier ohnehin nichts zu suchen. Das beherzige ich schon lange. Es ist klar, dass man im Schlafzimmer nicht an Arbeit denken sollte.

Damit die Gedanken in die richtige Richtung gehen, werde ich mit dem Ritual, um eine Liebe zu festigen und mehr Feuer ins Ehebett zu bekommen, ein wenig nachhelfen.

RITUAL, UM LUST UND LIEBE NEU ZU ENTFACHEN ODER ZU VERTIEFEN

Du brauchst:

* Rote und weiße Kerzen
* Rosenwasser
* Reichlich Blumen und frisches Grün
* Eine Figur oder ein Bild (Foto, Zeichnung) vom »Grünen Mann«
* Honig, Chili, Zimt

Zur Vorbereitung beziehe das Bett frisch, besprenkle die Bettwäsche mit Rosenwasser und stelle rote und weiße Kerzen im Schlafzimmer auf. Das bringt die Energie von Beltane in dein Boudoir. Perfekt wäre es, wenn du sie neben ein Bild des »Grünen Mannes« stellst, das ist ein Naturgeist, dessen Abbild du im Internet herunterladen kannst oder dessen Figur auch im Handel zu bekommen ist – meist als Gartendeko. Wenn du selbst auf die Jagd nach einem Bild gehen möchtest, dann schau dir die Kirchen in deiner Umgebung näher an. Der grüne Mann, meist mit Bart und Haaren aus Eichenlaub, ziert nämlich oft die Portale oder Säulen derselben.

Dekoriere Blätter und Blüten locker um das Abbild herum. Einige Frühlingsblumen, allen voran der Flieder, kommen in eine Vase daneben. Damit erbittest du Floras Segen für heute Abend. Der »Grüne Mann« wird durch das üppige grüne Laub um seinen Beistand gebeten. So lädst du die Naturgeister in dein Haus ein.

Beltane ist eine Nacht der Magie, der Glut und der Liebe – eine Nacht, die verzaubert, die Romantik und Leidenschaft bringt. Die Feen spielen im Feuerschein, vielleicht vernimmst du sogar Pans verführerisches Lied ...

Das allein reicht schon für eine romantische Nacht. Aber du kannst noch mehr tun, um die Glut erneut zu entfachen.

* Entzünde eine rote Kerze, wenn du mehr Leidenschaft möchtest. Eine rosafarbene für Romantik. Natürlich kannst du auch beide nehmen. Eine weiße Kerze sollte ebenfalls brennen, sie steht für göttlichen Beistand.
* Dann vermische etwas Chili und Zimt mit ein wenig Honig. Das sind die wichtigsten Gewürze für Lust, Liebe und Treue. Du brauchst nicht viel. Ein Teelöffelchen reicht schon. Fülle die Mischung in ein schönes Gefäß. Stelle dieses Schälchen zu den Kerzen, halte deine Hand darüber und sprich:

»Gesegnet sei unser Bund aufs Neue,
mit Liebe, Leidenschaft und Treue.
Was auch immer kommen mag,
unsre Liebe bleibe stark.«

* Sprich die Formel drei Mal und stell dir leidenschaftliche und romantische Szenen mit deinem Partner vor. Fühle, wie ihr eins seid, sieh sein liebevolles Lächeln. Spüre, wie er dich berührt. Versuche, das Gefühl so lange zu halten, bis dir selbst ein Lächeln über das Gesicht huscht.
* Wenn du keine Bilder siehst, ist das nicht schlimm. Wichtig ist, das Gefühl zu bekommen. Das Gefühl, geliebt und angenommen zu sein.
* Selbstverständlich kannst du deine eigenen Worte wählen, meist ist der Zauber dann sogar stärker, weil er einen größeren Bezug zu dir hat.

Stell die noch brennenden Kerzen und das Glasschälchen auf deinen Küchenaltar, den du heute mit Liebessymbolen geschmückt hast, mit Herzen, Ringen, Rosen oder was auch immer dir gefällt. Du kannst das Schälchen mit etwas Folie oder einem Deckel schließen, da der Gewürzhonig noch eine Weile hier stehen wird. Auf den Altar legst du außerdem die Spaghetti und etwa 20 Minuten, bevor du mit dem Kochen beginnst, auch die Hopfensprossen.

Rezept zum Ritual

Die Feierlichkeiten beginnen, sobald der Abendstern, die Venus, aufgegangen ist. Ein Maifeuer oder auch nur eine Kerze gehören dazu. Vielleicht feierst du im kleinen Kreis mit deiner Familie, vielleicht besuchst du auch eine Veranstaltung. Wenn die Stunde der Zweisamkeit gekommen ist, bereitest du euch beiden das Mahl.

Hopfenspaghetti

400 g Spaghetti * Salz * 3 Handvoll Hopfensprossen * Butter Pfeffer * Parmesan nach Geschmack

Die magischen Eigenschaften der Zutaten

Hopfensprossen – symbolisieren hier, wie nah ihr euch seid – engumschlungen

Spaghetti – Üppigkeit, Wohlstand

Parmesan – magischer Katalysator

Butter – Spiritualität

Salz, Pfeffer – ein bisschen Pfeffer braucht's heut Nacht

1. Die Spaghetti nach Packungsangabe in Salzwasser garen.
2. Die Hopfensprossen in siedendem Salzwasser 3 Minuten kochen, dann in Butter schwenken. Etwas Salz und Pfeffer zufügen und für den magischen Kick: drei Tränen! Sie können jeden Liebeszauber verstärken. Vielleicht musst du noch eine Zwiebel schneiden, um an diese besondere Zutat zu kommen.
3. Zum Schluss musst du nur noch die Spaghetti und die Hopfensprossen mischen und den Parmesan dazu reichen.

Tipp

Dazu passt wunderbar Holunderblütensekt oder Löwenzahnwein.

Jetzt fehlt nur noch eins: dein Liebes-Gewürzhonig. Es wäre super, wenn du deinem Partner oder deiner Partnerin ein wenig davon verabreichen könntest. Die Mischung schmeckt zum Beispiel in heißer Schokolade ganz lecker. Ein klein wenig von dem Honig reibst du dir auf den Rücken. Bitte wirklich nur ganz wenig. Zum einen klebt Honig ziemlich, und zum anderen warst du vielleicht mit dem Chili etwas überschwänglich.

Was nun folgt, weißt du sicher selbst. Nicht vergessen: Lass die Kerzen an einem sicheren Ort herunterbrennen.

Pflanzenrezepte

Frauenmantel-Pads

Einfache Baumwoll-Abschminkpads morgens auf ein Frauenmantelblatt auflegen und die Tropfen vom Blattrand und von der Mitte aufsaugen lassen. Der Haltbarkeit und des Kühleffektes wegen im Gefrierschrank aufbewahren.

Das ist ein kleines Zauberpad für die Haut. Leg es vor einem Date oder zum Wohlfühltag auf die Gesichtshaut auf.

Löwenzahn – ein mächtiger Verbündeter

Schon wieder erweist sich ein »Unkraut« als kraftvolle Pflanze. Wir sollten uns vielleicht die Gewächse näher betrachten, die sich der Ausrottung so erfolgreich zur Wehr setzen können.

»Armer gelber Löwenzahn,
wirst als Unkraut *abgetan.*
Wärst du rar wie Orchideen,
jeder fänd' dich wunderschön.*«*

Wiltrud Eberhardt

Tatsächlich ist der Löwenzahn – *Taraxacum officinale* – eines der wichtigsten Heilkräuter der englischen Naturheilkunde, und die Araber nutzen ihn seit dem 11. Jahrhundert. Als Erste haben ihn die Chinesen in ihre Kräuterbücher aufgenommen. Sie nennen ihn den »Ginseng des Westens«. Er gehört zu den Meister-Heilkräutern.

Auch das »officinale« in seinem wissenschaftlichen Namen weist darauf hin, dass er ein anerkanntes Heilkraut ist. »Taraxacum« heißt: »Ich heile die Störung.« Ich gebe zu, dass ich es nicht über das Herz bringe, den kleinen und in meinen Augen eben doch wunderschönen Löwen zu jäten oder zu vergiften.

Der Löwenzahn verbindet Luft und Erde. Er ist gut verwurzelt und hat doch mit seinem Samenstand eindeutig das Luftelement in seiner Natur. Das gibt ihm Leichtigkeit. Der Löwenzahn schenkt dir Mut und Klarheit. Aus der Frühjahrskur ist er nicht wegzudenken, kaum ein anderes Kraut entgiftet so gründlich. Die Pflanze ist von der ersten Wurzelfaser bis zur letzten Blütenspitze gesund. In Japan hat man herausgefunden, dass der Samenstand sogar eine positive Wirkung bei Brustkrebs hat.

Wer die kleinen Blütensonnen betrachtet, sieht ein weiteres Element: Feuer. Der Löwenzahn kann dir durchaus den Tritt in den Allerwertesten verpassen, wenn du dazu neigst, dich gehen zu lassen oder Dinge hinauszuschieben.

Sind das nicht wunderbare Gründe, ihn in den Speiseplan mit aufzunehmen? Dabei muss es nicht immer Salat, Tee oder Wurzelgemüse sein. Es geht auch hochprozentiger.

Löwenzahnwein nach Oskar Marti – eine sonnige Versuchung

5 Litermaß voll offener Löwenzahnblütenköpfe, bei Sonnenschein gepflückt * Schale und Saft von 3 Orangen Schale und Saft von 3 Zitronen * 2,5 kg Kandiszucker 20 g frische Hefe

1. Die Löwenzahnblüten (ohne Kelchgrün) mit 6 Liter kochendem Wasser übergießen. 24 Stunden stehen lassen, danach abseihen. Zitrusfrüchte hinzugeben und alles zusammen mit dem Zucker kurz aufkochen. Abseihen und auf 30 Grad abkühlen lassen.
2. Die Hefe zerkrümeln, mit etwas Sud anrühren und dazugeben. Das Ganze zum Gären in ein tiefes Gefäß füllen, abdecken und 8–12 Wochen stehen lassen.
3. Sobald die moussierende Gärung abgeschlossen ist, den Wein sorgfältig ohne Bodensatz filtrieren und in Weinflaschen abfüllen.
4. Bis zum Genuss etwa 6 Monate dunkel und kühl lagern (wer es denn so lange aushält, das ist nämlich ein oberfeines und leckeres Stöffchen …).

Hinweis

Am köstlichsten ist dieser kostbare Tropfen nach sieben Jahren … Also lieber gleich auf Vorrat machen.

Mai – Hasenmond

»Die Bäume schlagen aus«, heißt es in einem alten Volkslied, und besser kann man es nicht beschreiben. Seit April wächst und sprießt es überall, aber der Mai legt noch eins drauf. Die zu Beltane beschworene Fruchtbarkeit ist nun unübersehbar. Wer rausschaut und eines der vielen kleinen Häschen oder Kaninchen sieht, kann sich denken, warum der Mai in alten Zeiten auch Hasenmond hieß. Die Natur explodiert geradezu.

Jetzt kann ich in allem schwelgen, was die Natur so zu bieten hat. Gaumen und Körper verwöhnen. Jetzt manifestiert sich alles, was zuvor »geträumt« wurde, ob in Knospen oder in Gedanken.

Die Energien von Mutter Erde drängen sich regelrecht auf. Darum werde ich mich mit erdenden Tätigkeiten beschäftigen. Gartenarbeit gehört um diese Zeit ohnehin dazu. Und für mein Projekt »Steinspirale« ist nun der optimale Zeitpunkt gekommen. Im Mai wird »gehandelt« – mit den Händen gearbeitet. Das kann auch Stricken sein, das synchronisiert die Hirnhälften. Und zur Beschäftigung mit der Erdenergie gehört auch die Wahl des richtigen Wohn- und Schlafplatzes.

Heute bin ich unterwegs, um den Schutz meines Heimes zu erneuern. Schutzzauber sollten regelmäßig aufgefrischt werden. Dabei habe ich nicht nur die Abwehr negativer Energien im Sinn, sondern auch das Abschirmen von Erdstrahlen. Hier helfen mir viele meiner Pflanzenschwestern mit ihren magischen Qualitäten: In die Balkonkästen habe ich bereits Begonien gepflanzt, und an der Haustür hängt ein Frühlingskranz, in den die ersten zarten Fiederblättchen der wilden Möhre (geschütztes Haus, sichere Heimkehr) gebunden sind. Der Kranz/Kreis an sich ist schon ein Schutzsymbol. Im Haus steht duftender Flieder in Bodenvasen, ein großer Reiniger, der vor Bösem schützt. In einem Pflanztrog neben der Haustür wächst eine Gartenraute, die von mir nichts zu befürchten hat. Ihr Geschmack ist mir deutlich zu intensiv. Darum darf sie gedeihen und Böses fernhalten.

Für mein Ritual heute benötige ich hauptsächlich kleine Steine und eine Flasche. Es wird eine Hexenflasche entstehen, die negative Energien ablenkt.

Wir haben Vollmond. Ich halte mich mit dem Sammeln etwas zurück, zumindest was die Heilkräuter angeht. Bei Vollmond werden nur Zauberkräuter gesammelt, denn die Wirkstoffkonzentration ist jetzt nicht so hoch. Weißdornblüten und -blätter sowie Waldmeister stehen später auf dem Plan. Mich zu beschränken, fällt ob der üppigen Vegetation schwer. Aber ich reiße mich los und suche bevorzugt karg bewachsene Stellen.

Mit den Steinen ist es wie mit den Kräutern: Diejenigen, die an unwirtlichen Orten leben müssen, sind die stärksten. Ich lese am Bachufer einige Steine auf, am Steinbruch und im Schutzgebiet, wo der Adler lebt. Ich habe in meinem Fundus auch einige Exemplare vom Meer und aus Bergregionen. Mit schweren Taschen mache ich

mich auf den Rückweg. Da entdecke ich im Gras etwas blau Gestreiftes, das sich beim näheren Hinsehen als Eichelhäherfeder entpuppt. Oh, wie wunderbar! Der Wächter des Waldes hat ein Geschenk für meine Flasche.

Für das Essen heute Abend pflücke ich noch Giersch. Nicht nur des Geschmackes wegen, sondern auch in seiner Eigenschaft als »Verteidiger seines Platzes«. Außerdem ist er ein Menschenfreund. Die Gärtner werden das anders sehen, aber der Giersch bietet sich bereitwillig an, hauptsächlich dort, wo Fleischesser leben. Denen hilft er nämlich besonders. Er neutralisiert die Harnsäuren.

* * *

Zu Haus angekommen, bereite ich meinen Küchenaltar vor. Ich schmücke ihn mit einer Muschel, einem Lochstein, einem Hämatiten und einem Schungiten. Die Betonung liegt hierbei auf den Steinen, weil ich Erdmagie wirken will. Hier darf mein Giersch nun eine Weile ruhen. Genau wie die Macadamianüsse, der Kohlrabi, die Möhren und der Fenchel, obwohl Letzterer für sich schon ein starkes Schutzkraut ist. Um das Haus herum gepflanzt oder einige Samen bei sich getragen, kann man sich seines Schutzes immer bedienen.

Heute Abend, wenn der Vollmond aufgeht, werde ich mit dem Ritual beginnen. Doch zunächst muss ich mich noch um die Störfelder im Haus kümmern. Sicherlich weißt du, dass man auf Störfeldern meist nicht gut schläft, ja sogar krank werden kann. Du kannst die Felder selbst per Pendel oder Rute ausfindig machen (oder einen Fachmann kommen lassen). Auch wenn du dich damit nicht auskennst, so spürt dein Körper doch die Einwirkungen. Wenn du morgens schlecht aufwachst und sich deine Energie erst im Laufe des Tages hebt, solltest du dein Bett umstellen. Deine negative Ladung kannst du unter der Dusche regelrecht »abspülen«. Auch Tautreten hilft, dabei müssen Füße und Stirn feucht sein. Ich gehe gern morgens hinaus, nehme den magischen Tautropfen aus der Mitte eines Frauenmantelblattes, benetze mein drittes Auge mit der Bitte um Weisheit und laufe barfuß ein paar Schritte mit direktem Kontakt zu Mutter Erde.

Sollte ein Verschieben der Schlafstatt nicht möglich sein, versuche mit Leder (kann Omas alte Jacke sein) unter dem Bett den Einfluss zu schwächen. Auch Kastanien – oder besser noch: Kastanienholz – mildern solche Felder. Bei einer starken Störung ist das auf Dauer natürlich nicht ausreichend.

Pflanze Hauswurz und Haselnuss (sofern du nicht allergisch bist) um dein Haus. Das mindert die Strahlung ebenfalls.

Genauso wie es schwächende Plätze gibt, gibt es auch stärkende. Zu solchen Orten fühlst du dich meist hingezogen. Es sind oft Quellen oder Lichtungen, auch der Bewuchs kann darauf hinweisen. So würden Tannen, Fichten, Apfelbäume oder Weißdorn auf gestörten Plätzen nicht gedeihen. Wo diese kräftig wachsen, wirst auch du dich wohlfühlen. Eben bei »einem Wirte Wundermild«. Wenn du an solchen Plätzen die Heilenergie erhöhst, zum Beispiel durch die Einrichtung eines kleinen heiligen Ortes mit Steinen und Kerzen, werden negative Kräfte abgeschwächt.

Da ich nicht weiß, ob Störfelder magisch beeinflussbar sind, stärke ich meinen Körper, damit er mit solchen Energien besser umgehen kann. Im Zeitalter des sich ausbreitenden WLANs wird uns letztlich nichts anderes übrig bleiben, als unsere Körper an den Umgang mit solchen Schwingungen zu gewöhnen.

Das Ritual im Mai

STEINFLASCHENZAUBER ZUM SCHUTZ DES HAUSES UND SEINER BEWOHNER

Du brauchst:

* Elementesymbole für das Basisritual (siehe Seite 45)
* Eine Steingutflasche oder ein Steingutgefäß
* So viele Steine, wie zum Füllen des Gefäßes nötig sind. Achte auf verschiedene Fundorte, um ein großes Abwehrspektrum zu haben.

* Beginne mit dem Basisritual (siehe Seite 45).
* Dann nimm die Steine in deine Krafthand (deine Schreibhand). Stelle dir vor, wie sie schützende Energien abstrahlen. Fühle, wie deine Hand dadurch wärmer wird, ja vielleicht sogar kribbelt. Sieh vor deinem geistigen Auge, wie die Steine regelrecht vor Energie vibrieren.
* Wenn du die Energie gut spüren kannst, sprich die folgende Zauberformel:

»Steine der Berge, Steine der Meere,
Gebt eure Kräfte*, auf dass ich mich wehre.*
Steine des Waldes und Steine der Auen,
Gewährt euren Schutz*, auf euch kann ich bauen.«*

* Lege die Steine vorsichtig in die Flasche oder den Topf und sprich:

»Ich lege euch in den Topf hinein,
Zu schützen Familie *und* Heim.*«*

* Falls du viele Steine gesammelt hast und nicht alle gleichzeitig in der Hand halten kannst, musst du diesen Teil wiederholen.
* Wenn das Gefäß voll ist, beende das Ritual, indem du die Kerzen löschst (nicht ausblasen) und dich bei den Elementen und deinem Schöpfer (wenn du gläubig bist) bedankst.
* Dann nimm das unverschlossene Gefäß und stell es in oder vor deinem Heim auf: im Herz des Hauses (meist die Küche) oder auch neben der Eingangstür. Aber möglichst nicht sichtbar, damit niemand damit etwas anstellen kann. Verlass dich auf dein Gefühl, du wirst die richtige Stelle finden!
* Wenn du sie hast, sprichst du:

*»*Steine *– Kinder der Mutter Erde,*
Durch euch das Haus beschützt nun werde,
Werft Böses hinaus und schickt es von dannen
Hinein in die Erde*, es dort zu bannen.«*

Damit hast du den Hausschutzzauber beendet. Natürlich kannst du ihn nach eigenen Wünschen abwandeln. Deine eigenen Worte werden immer stärker sein als meine.

Rezept zum Ritual

Stärke dich nun mit einem schützenden Carpaccio!

Kohlrabi-Möhren-Carpaccio mit Giersch

2 kleine Kohlrabi * 2 junge Möhren * Salz
3 Orangen * 100 g Giersch * 1 TL Fenchelsamen
1 EL Honig * 1 TL Dijonsenf * Pfeffer
5 EL Olivenöl * 50 g gesalzene Macadamianüsse

Die magischen Eigenschaften der Zutaten

Kohlrabi – bei Verzehr starke Schutzpflanze
Salz – Reinigung, Schutz
Giersch – für sich selbst einstehen, seinen Platz behaupten
Honig – Schutz, Wohlstand
Pfeffer – Schutz, Abwehr
Macadamianüsse – Wonne, Energie, Geld
Möhren – feurig und erdend
Orangen – Glück und Wohlstand
Fenchelsamen – Abwehr jeglichen Unheils
Dijonsenf – Schutz, hält negative Energien ab
Olivenöl – Schutz

1. Kohlrabi und Möhren schälen und in hauchdünne Scheiben schneiden. Wenn du magst, kannst du zusätzlich Schutzsymbole einritzen.
2. Die Scheiben mit etwas Salz bestreuen und gut durchmischen.
3. Zwei Orangen gründlich schälen, dabei auch die weiße Haut entfernen. Die Orangen quer in sehr dünne Scheiben schneiden. Die dritte Orange auspressen.
4. Den Giersch waschen und gut trocken tupfen.
5. Die Fenchelsamen im Mörser zerstoßen.
6. Ein Drittel des Gierschs mit Orangensaft, Fenchel, Honig, Senf, Salz und Pfeffer mischen und das Olivenöl unterrühren.
7. Macadamianüsse goldbraun rösten und grob hacken.
8. Die Kohlrabi-, Möhren-, und Orangenscheiben auf Tellern appetitlich anrichten und den restlichen Giersch darauf verteilen. Das Carpaccio mit der Vinaigrette beträufeln und mit den Nüssen bestreuen.

Tipp

Kohl ist Mondnahrung. Genieße das Carpaccio nach dem Ritual im Schein des Mondes. Sei gewiss, dass es dich stärkt und schützt.

Hinweis

Schutzzauber sind regelmäßig aufzufrischen. Erneuere die Steinflasche nach spätestens einem Jahr. Wenn das Schicksal dir viel aufbürdet, auch eher.

Pflanzenrezepte

Hauswurz

Hauswurz hilft, Kreuzungen von Störzonen aufzulösen. Außerdem ist er eine wertvolle Heilpflanze. Du kannst sein Gel auch für die Haut benutzen. Dazu kannst du es im Mixer zerkleinern und in eine Creme- oder Salbengrundlage oder auch in fertige Vaseline mischen.

Waldmeister – der Meister über die Geister

Während in meiner Kindheit der echte Waldmeister eine häufige Zutat in Getränken und Nachspeisen war, kennen heute die meisten nur noch die künstliche Version. Waldmeister wurde vor fast vierzig Jahren als Lebensmittelzusatz verboten, weil man das Cumarin für krebserregend hielt. Zum Glück wurde der Meister des Waldes inzwischen rehabilitiert, wie so viele Kräuter, die schon Generationen vor uns gern genutzt haben und die plötzlich als »gefährlich« galten.

Wahrscheinlich kennst du den Waldmeister als Zutat zur Maibowle. Natürlich schmeckt er hier wunderbar. Am köstlichsten ist er, wenn du ihn vor der Blüte pflückst und dann einfrierst. Das Einfrieren intensiviert den Geschmack. Für die Bowle entnimmst du zehn Stängel und hängst sie kopfüber in das Getränk (Weißwein für Erwachsene, Apfelsaft für Kinder). Wichtig ist dabei, dass die Stängelenden herausschauen, dann kommt nicht so viel Cumarin in die Bowle. Es ist verantwortlich für den typischen Waldmeistergeschmack, im Übermaß genossen, aber auch für Kopfschmerzen.

Wenig bekannt ist allerdings die Nutzung des Waldmeisters als Tee. Hier wirkt er leicht euphorisierend und beruhigend. Damit ist er auch ein wunderbares Getränk für alte Menschen, die ein bisschen mürrisch in die Welt schauen.

Warum der Waldmeister als »Meister über die Geister« gilt … Das versuche doch mal selbst herauszufinden.

Getrocknet kannst du ihn als Schutz- und Siegeskraut immer bei dir tragen.

Weißdorn – Schutzdorn

Eine Weißdornhecke gilt als Schutzhecke schlechthin. Weißdorn wurde (ohne Dornen natürlich) Kindern zum Schutz in die Wiege gelegt. Fischer, die Weißdorn bei sich trugen, machten regelmäßig dicke Fänge. Weißdorn im Haus soll alles Übel abwehren. Auch die berühmten Holzpfähle, die bepelzten Kreaturen in Gruselgeschichten das Leben aushauchen sollten, werden aus Weißdorn geschnitzt.

Tatsächlich ist Weißdorn in der heutigen Gesellschaft wichtiger denn je, denn er schützt das Herz und reduziert Stress. Und das in nahezu jeder Form: im Frühjahr mit jungen Blättern und Blüten, im Herbst mit den Beeren. Eine Mischung aus beiden ist das Optimum. Bei einer meiner Kräuterwanderungen im Frühjahr stopfte sich eine Teilnehmerin die Blüten sogar in den Ausschnitt. Sie meinte, der Schutzdorn wirke so direkt und schnell. Warum nicht? Es gibt auch Herzsalben, die äußerlich aufgetragen werden.

Herzschutz ist nicht nur etwas für alte Leute. Auch wenn Kinder mit schweren Erkältungen und Husten im Bett liegen müssen, wäre Weißdorn obligat. Als Weißdornbeerenhonig im Hustentee zum Beispiel. Dafür braucht es nichts weiter als halbierte Weißdornbeeren, die im Honig einige Wochen ziehen dürfen.

Der berühmteste Weißdornstrauch steht in Glastonbury und ist angeblich aus dem Pilgerstab Josephs von Arimathäa gewachsen, den er dort in den Boden gerammt haben soll. Tatsächlich ist dieser Strauch von einer anderen Art als seine europäischen Brüder und blüht sogar zweimal im Jahr. Die englische Königsfamilie bekommt zu Weihnachten einen Zweig von ihm.

Junge Sträucher aus Stecklingen dieses berühmten Weißdorns gibt es in den Gärtnereien rund um Glastonbury käuflich zu erwerben. Genetisch sollen sie also alle mit diesem heiligen Strauch identisch sein. Damit kann sich jeder ein Stück »Avalon« nach Hause holen.

Juni – leichter Mond

Im Juni geht es um Licht und Leichtigkeit. Die satte Erdenschwere, die dem Mai eigen war, schwindet allmählich. Wir müssen aufpassen, die Bodenhaftung nicht zu verlieren und dadurch unfallträchtig zu werden. Diese Zeitqualität eignet sich hervorragend zum Loslassen und zum Entspannen, ist hingegen nicht für Manifesteres wie »Hausbau« oder »Verträge« geeignet. Der Juni hat keinen Tiefgang.

Ich stärke mich im Juni mit leichten Dingen: Dazu gehört alles, was grün ist, alles, was entspannt, Thymiantee und die »heiße Sieben« der Schüßlersalze.

Ich brauche diese Leichtigkeit, da im Juni für eine Kräuterhexe viel zu tun ist. Allen voran die Herstellung von Blütenessenzen. Ich stelle dabei nicht nur die Essenzen nach Dr. Bach her, sondern auch Mondblütenwasser. Heute bin ich daher mit Glasschüsseln, vorbereiteten Zetteln mit der Aufschrift »Bitte stehen lassen« und einer Wasserflasche unterwegs. »Leichtigkeit« ist auch das Thema eines Rituals, das ich für eine Freundin vorbereiten werde. Sie hat Probleme am Arbeitsplatz, das Betriebsklima ist schlecht, es grenzt an Mobbing.

Vom Waldrand erschallt Gelächter. Der Hüter des Waldes hat mich natürlich längst erspäht, wie er dort auf seinem Aussichtsbaum sitzt. Der Häher hat sich die einst mächtige Buche auserwählt, die noch im toten, blattlosen Zustand, ohne Krone und mit gebrochenen Ästen viele andere überragt. Der bunte Rabenvogel regiert im Stiftungswald, in dem man von klassischer Forstwirtschaft absieht. Hier darf es wachsen und gedeihen, ohne von Menschenhand gestört zu werden. Es darf aber auch vergehen und anderen Lebensformen Obdach und Nahrung bieten. Hier ist die Natur sich selbst überlassen.

Ich verweile nicht. Mein erstes Ziel sind die Felder, wo mich scharlachrotes Leuchten empfängt. Schnell sammle ich die empfindlichen, zarten, wie feinstes Seidenpapier anmutenden Blütenblätter des Klatschmohns direkt in eine vorbereitete Ölflasche hinein. Er wirkt wärmend, stärkend, bei Angespanntheit, bei schlechten Erfahrungen, wenn man verletzlich ist und ohne Kraft. Ich knie nieder vor der Pracht des feurigen Mohns. Fast tut es mir leid, aber anders kann ich mir sein Heilgeheimnis nicht bewahren. Zu flüchtig ist die Magie.

Rundherum schwillt das Leben so unbändig an, dass ich beinahe den »Heil aller Schäden« übersehen hätte. Mit seinen wunderschönen blassblauen Blütensternen prangt der Ehrenpreis am Wegesrand. Doch ich muss weiter. Pflanzliche Schutzengel sind nicht immer leicht zu finden. Mit zusammengekniffenen Augen suche ich den Graben am Waldrand ab.

Dann sehe ich sie. Das strahlende Sonnenlicht umgibt ihre filigrane Blüte mit einer goldenen Aura. Sie drängt sich nahezu auf, dir beizustehen und deine Seele zu heilen. Ich eile zu der Engelwurz, trage mein Anliegen vor und bedanke mich. Dann pflücke ich vorsichtig ein Blatt. Bei der Herstellung von energetischen Essenzen sollten wir die Blüten nicht mit unseren Händen berühren. Wir pflücken sie mit ihren eigenen Blättern oder ziehen hierfür Baumwollhandschuhe an. Mit dem Engelwurzblatt erfasse ich eine Dolde, pflücke sie und lege sie in eine Glasschüssel. Darauf gieße ich Quellwasser. Die Schüssel stelle ich etwas abseits vom Weg in die Sonne und stelle eines meiner »Bitte stehen lassen«-Schilder daneben. Jetzt nehme ich noch einige frische Dolden und junge Blätter in die Sammeltüte. Danach grabe ich eine Wurzel aus. Das ist etwas beschwerlich, da ich nach alter Sitte die Abwurfstange eines Rehbocks nutze. Auch hier vermeide ich es, die Wurzel mit den Fingern anzufassen, da ein Teil davon zu Mondtropfen verarbeitet werden soll. Im Tee wird die Pflanze ebenfalls helfen. Da habe ich ihn, meinen pflanzlichen Schutzengel.

Ein Name steht noch auf meiner Liste: die Witwenblume. Wo sie wächst, da meist üppig. Die Stellen sind rar, zumindest hier bei uns im Norden, doch nach so vielen Jahren der Kräutersammelei kenn ich ihre Lieblingsplätze. Als ich sie endlich finde, verfahre ich mit ihr wie mit der Engelwurz.

Ich bin zufrieden. Der Wetterbericht ist günstig, sodass ich die Blütenessenz-Schälchen drei bis vier Stunden in der Sonne stehen lassen kann. Danach kann ich die Pflanzen entfernen und das Wasser mit Alkohol (im Verhältnis 2:1) konservieren. Fertig sind meine Essenzen! Mit der Wurzel werde ich ähnlich verfahren, nur wird diese Schüssel dem Mondlicht ausgesetzt. Außerdem kommt ein weißer Quarz in die Mitte, das fokussiert die Mondkräfte.

Einen Pflanzenverbündeten muss ich noch finden: den Baldrian. Er gehört zu den Pflanzen, die dein Charisma stärken. Auch er wird mir Blüten für die Essenz, aber ebenso für einen Tee spenden.

Ich begebe mich auf den Rückweg. Die Vorbereitungen zum Zauber sind getroffen, nun sammle ich nur noch einige Kräuter für den Vorrat. Das ist aufwändiger, als es sich anhört, denn es gibt reichlich zu ernten: Brennnesseln, Holunderblüten für Sekt und Sirup, grüne Walnüsse für einen sehr leckeren Likör. Nach dem Liköransatz werden sie nicht weggeworfen, sondern in Sirup zu »schwarzen Nüssen« eingekocht. Bei dem Gedanken läuft mir das Wasser im Mund zusammen. Schwarze Nüsse zu Antipasti oder Käse … oder auf Vanilleeis … einfach nur köstlich!

Und schließlich ziehe ich sie noch in Öl aus, das wird meine Sonnenschutzlotion, wenn das Wetter so bleibt. Diese Lotion riecht zwar etwas herb, trotzdem wurde ich letzten Sommer mehrfach auf den guten Geruch angesprochen. Das erstaunte mich nun doch. Bei uns herrschen süßliche, vanillige und maximal noch würzige Noten in den Duftabteilungen der Kaufhäuser vor. So ein Walnussöl hat eine ganz andere Richtung.

* * *

Vollbepackt komme ich zu Hause an. Mein Mann nimmt mir die Holunderblüten ab, Sekt und Sirup sind sein Metier. Auch den Walnusslikör setzt er für mich an. Die grünen Nüsse sind meristemhaltig und bergen damit das gleiche Unsterblichkeitsgeheimnis wie die Knospen im Frühjahr. Der Geschmack hat mit Nüssen gar nichts gemein und erinnert mehr an einen vollmundigen Gewürzlikör.

Aber auch ich habe noch viel vorzubereiten. Auf meinem Küchenaltar steht heute einiges, was recht wehrhaft aussieht: ein Kaktus, die Schutzrune (das »Peace«-Zeichen, nur richtig herum, mit den Ästen nach oben), ein spiegelnder Hämatit (ein Stein, der böse Gedanken und Energien zurückschickt), ein Miniaturschild aus der Spielzeugkiste meiner Enkel, ein Weißdornast. Alles, was dornig oder kantig ist, eignet sich. Außerdem weiße Kerzen, die ich auch während des Kochens brennen lassen werde.

Bis ich mit der Zubereitung beginne, verweilt der Risottoreis auf dem Altar, und kurz vorher werde ich auch die Brennnesseln dazulegen. Außerdem kommen meine Anti-Mobbing-Blütenessenz und meine Teemischung auf den Altar. Es geht hier nicht nur um leichte Unstimmigkeiten.

Schließlich halbiere ich noch eine Zwiebel, deren eine Hälfte auf einem Küchentuch unter der Spüle deponiert wird, um negative Energien aufzunehmen. Morgen wird sie im Müll entsorgt.

Die **ANTI-MOBBING-BLÜTENESSENZ** besteht aus:
Engelwurz – der pflanzliche Schutzengel
Baldrian – für Selbstsicherheit
Witwenblume – verhindert die »Opferausstrahlung« der Aura
»Pine« aus den Bachblüten – löscht Schuldgefühle und Selbstvorwürfe

Von diesen Blütenessenzen kommen jeweils 2 Tropfen in eine Pipettenflasche von 20 ml. Dann wird das Ganze mit Trinkalkohol und Wasser im Verhältnis 1:2 aufgegossen.

In den **ANTI-MOBBING-TEE** kommen etwa zu gleichen Teilen:
Engelwurz – der pflanzliche Schutzengel
Brennnessel – beruhigt nach Stress, hilft die Kräfte zu bündeln

Baldrianwurzel – für Selbstsicherheit und Charisma
Eisenkraut – als charismatisches Mittel, für gutes Auftreten

Als DUFT wird Patchouli getragen, das lässt die Seele entspannter in den Job gehen. Wenn man sich mit der Duftnote gar nicht anfreunden kann, ginge auch Bergamotte.

Für das **Kräutersäckchen** werden die Schutzkräuter getrocknet und in ein Säckchen gefüllt, das man dann bei sich trägt.

Am Abend erscheint meine Freundin für das Ritual. Natürlich ist sie aufgeregt. Wir sprechen noch einmal über alles, und sie beruhigt sich allmählich. Sie hat einen ersten wichtigen Schritt getan und kann sich jetzt wehren. Wir haben auch über Alternativen gesprochen. Eine Garantie gibt es auch in der Magie nicht. Vielleicht hat das Schicksal andere und im Nachhinein bessere Pläne. Aber wie heißt es so schön? Hilf dir selbst, dann hilft dir Gott.

Das Ritual im Juni

Das Ritual zielt darauf ab, dich stärker, ausgeglichener und widerstandsfähiger zu machen und gleichzeitig die »Opferschwingung« zu beseitigen. Wenn Gespräche mit den Mobbern oder dem Chef nicht gefruchtet haben, führe das Ritual aus. Beginne bei abnehmendem Mond, sobald die Nacht hereingebrochen ist.

ANTI-MOBBING-RITUAL

Du brauchst:

* Elementesymbole für das Basisritual (siehe Seite 45)
* Einen rostigen Nagel
* Einen Teller mit einer Mischung aus etwas Pfeffer und einem zerkleinerten Brennnesselblatt
* Etwas Öl
* Eine schwarze Kerze (keine Angst, wir betreiben keine schwarze Magie)
* Die vorbereiteten Blütenessenzen
* Den vorbereiteten Tee
* Das Säckchen mit den Schutzkräutern

* Wenn du alles vorbereitet hast, nimm ein Bad. Gib etwas Zitrone in das Badewasser, sie wehrt Negativität ab.
* Nach dem Bad beginne mit dem Basisritual (siehe Seite 45), in dem du die Elemente anrufst.
* Dann nimmst du den rostigen Nagel und ritzt damit die Namen der Mobber oder einfach nur »Mobber« oder »Tratschtanten« mehrfach in die schwarze Kerze hinein. Wenn du fertig bist, reibst du das Öl auf die Kerze und wälzt sie in dem Pfeffer-Brennnessel-Gemisch.

* Entzünde die Kerze, stimme dich einen Moment ein und sprich folgende Worte:

»So wie die Kerze niederbrennt,
Wird der böse Tratsch gehemmt,
Ist sie gänzlich aufgezehrt,
Ist das Übel abgewehrt.«

* Sprich die Formel dreimal, und stell dir dabei vor, wie deine Mobber statt böser Worte das erste zaghafte Lächeln finden. Ja, wie sogar positive Äußerungen kommen oder die ganz unbelehrbaren Exemplare einfach schweigen. Lächle. Diese Menschen haben keine Macht mehr über dich.
* Bleib noch einen Moment bei diesem Gedanken, mal es dir förmlich aus, wie sich das Büroklima Schritt für Schritt zum Positiven verändert und du wieder unbelastet arbeiten kannst. Sieh, wie die letzten kläglichen Versuche an dir abprallen und den Mobber selbst klein erscheinen lassen.
* Dann beende das Ritual und lösche die Elementekerzen mit den Fingern. Die schwarze Kerze lass unter Aufsicht um etwa ein Drittel runterbrennen.

* * *

In den nächsten zwei Nächten lässt du die Kerze jeweils wieder um ein Drittel herunterbrennen. Dann nimm die Reste und verteile sie dort, wo die Mobber drauftreten werden. Hab keine Angst, der Zauber wirkt nicht auf Unschuldige.

Außerdem nimmst du dreimal täglich vier Tropfen von der Anti-Mobbing-Essenz, trägst den Duft, hast das Kräutersäckchen in der Tasche und trinkst in den Pausen den Anti-Mobbing-Tee. Wenn du die Möglichkeit hast, bereite Pfefferminztee zu und geh damit durch die Räume, sodass der Dampf sich verteilt. Das verbessert das Betriebsklima. Jedenfalls wenn du das mit dieser Intention tust.

Das Thema Mobbing sollte nach einem Mondlauf (28 Tage) Geschichte sein. Falls du wider Erwarten dann immer noch Probleme hast, müssen andere Geschütze her. Weltlich ein Anwalt und magisch eine versierte Hexe.

Rezepte zum Ritual

Aber erst mal genießt du dein herrliches Brennnesselrisotto, für das du zunächst die Brennnesselpaste zubereitest. Die Brennnessel lässt deine innere Stärke wachsen. Was stört es die stolze Eiche, wenn sich ein Wildschwein an ihr schrubbt?

Brennnesselpaste

750 g Brennnesselblätter * 1 knappe Handvoll Bärlauch
1 Knoblauchzehe in Scheiben * 1 Pimentkorn, gemörsert
1 TL Pfeffer * 500 ml Olivenöl

Die magischen Eigenschaften der Zutaten

Brennnesselblätter – Schutz, Austreibung, Heilung, Konzentration deiner Kräfte nach Stress und Krisen

Bärlauch – Schutz, Heilung

Knoblauch – Schutz, Heilung

Piment – Glück, Heilung

1. Die Brennnesselblätter blanchieren und in Eiswasser abkühlen lassen. Dann abtropfen lassen und gut ausdrücken.
2. Mit den restlichen Zutaten zu einer Paste mixen. Abfüllen und leicht mit Öl bedecken.

Hinweis

Die Paste ist, wenn die Oberfläche immer mit etwas Öl bedeckt ist, im Kühlschrank lange haltbar.

Brennnesselrisotto

300 g Risottoreis * 1 Zwiebel
2 EL Butter * 125 ml kräftiger Weißwein
750 ml Gemüsefond * 2 EL geriebener Parmesan
3 EL Brennnesselblätter, blanchiert
2 EL Brennnesselpaste (Seite 139)
Salz, Pfeffer

Die magischen Eigenschaften der Zutaten

Risottoreis – Glück, Schutz, Fruchtbarkeit
Zwiebel – Schutz
Butter – Frieden
Parmesan – Verstärker
Brennnessel – Schutz
Salz, Pfeffer – Schutz, Abwehr

1. Nimm den Risottoreis vom Altar. Schütte etwas davon auf einen Teller, sodass der Boden bedeckt ist, und male mit dem Finger ein Schutzzeichen in die Körner. Welches du nimmst, ist dir überlassen. Vielleicht ein Kreuz oder auch alte Schutzsymbole wie die Schutzrune (siehe Seite 133), oder ein Pentagramm. Stelle dir während der gesamten Zubereitungszeit vor, wie das Gericht schützende Energien aufnimmt.
2. Nun die Zwiebel würfeln und in Butter anschwitzen.

3. Den Reis vom Teller und auch den restlichen Reis hinzugeben und kurz glasig dünsten. Mit Weißwein ablöschen und den Reis ein wenig köcheln lassen, bis die Flüssigkeit etwas reduziert ist.
4. Salzen und pfeffern. Nach und nach den Fond zugeben und den Risotto auf kleiner Flamme cremig rühren.
5. Zuletzt die gehackten Brennnesselblätter, die Brennnesselpaste und den Käse unterrühren.
6. Den Risotto auf roten oder weißen Tellern servieren.
7. Genieße ihn mit dem Wissen, dass die Mahlzeit deinen eigenen Schutz verstärkt und negative Energien fernhält.

Pflanzenrezepte

Holunder

Mit dem Holunder bringen wir eine andere mächtige Schutzpflanze in unseren Haushalt. So lecker kann magischer Schutz sein.

Holunderblütensirup

2 kg Zucker * 18 große Holunderdolden * 60 g Zitronensäure
3 Zitronenscheiben

1. Zucker mit 3 l Wasser aufkochen und erkalten lassen.
2. Holunderdolden von den dicken Stängeln abzupfen und zusammen mit Zitronensäure und Zitronenscheiben in das Zuckerwasser geben.
3. Das Ganze fünf bis sechs Tage an einem kühlen Ort durchziehen lassen. Dann abseihen und in Flaschen abfüllen.

Tipps

Besonders fein wird der Sirup, wenn du dir die Mühe machst, die kleinen Blüten von den Stängeln zu zupfen.

Mit den abgeseihten Blüten kannst du auch noch einen Holunderlikör ansetzen.

Baldrian, eine urmagische Heilpflanze

Der Baldrian weist mit seinem lateinischen Namen – *Valeriana officinalis* – auf seine Eigenschaften hin: Valere heißt stark, gesund sein. Er wurde gern bei Liebeszaubern verwendet, so sollten Frauen, die ihn am Körper tragen, sich der zahlreichen Liebhaber nicht mehr erwehren können. Ich kann mir das ob des erdigen Geruchs nur schwer vorstellen, aber wer es versuchen mag …

Nicht nur Liebhaber sollte das Kraut anziehen, sondern es sollte auch ein wirksamer Schutz gegen Blitzschlag und Behexung sein.

Es heißt, der Rattenfänger von Hameln hätte sich des Baldrians bedient, um die Ratten aus der Stadt zu locken. Das ist gar nicht so abwegig: Nicht nur unsere Katzen lieben Baldrian, auch Ratten sind ganz versessen darauf.

Indianer behandelten Epilepsie und Lähmungen mit Baldrian. Im Zweiten Weltkrieg wurden Kriegstraumata mit ihm behandelt. Auch gegen Cholera und Pest wurde er früher eingesetzt.

Doch er ist auch noch lecker. Gerade jetzt finden wir draußen die Blüten.

, S. 143

Gebackene Bananen mit Baldrianblüten

8 Bananen * 10 g Butter * 1 EL brauner Zucker
1 EL Sherry * 2 EL Baldrianblüten * Crème fraîche

1. Den Backofen auf 180 Grad C vorheizen.
2. Die Bananen schälen, in Scheiben schneiden und in eine Auflaufform legen. Mit Butterflocken und Zucker bestreuen und mit Sherry beträufeln. Die Hälfte der Blüten über die Bananen streuen.
3. Die Form zudecken, in den Ofen schieben und 15–20 Minuten garen, bis die Bananen weich sind.
4. Dann aus dem Ofen nehmen, die restlichen Blüten daraufstreuen und mit Crème fraîche servieren.

Natürlich kann man die lieblichen Blüten auch direkt auf eine gegrillte Banane streuen oder einen Obstsalat mit ihnen verfeinern.

Es gibt also wunderbare Gründe, um den Baldrian im Garten anzusiedeln. Aber er tut nicht nur Leib und Seele gut, sondern auch dem Garten. Neben Gemüse gepflanzt, beschleunigt er das Wachstum und regt die Aktivität der Regenwürmer an.

Wer von Drogen, Beruhigungsmitteln oder Alkohol abhängig ist, kann mit Hilfe des Baldrians leichter entziehen.

Wenn die Angst dich lähmt, wenn Panik aufsteigt – Baldrian hilft! Niedrige Baldriangaben (in niedriger Dosierung mit Pausen, also drei Tage nehmen, drei Tage aussetzen) schenken Mut und Widerstandskraft und helfen, die Energie aus dem Solarplexus ins Herz aufsteigen zu lassen.

Auch bei unbewussten und irrationalen Ängsten wie Angst vor Dunkelheit, bösen Mächten und Geistern oder objektlosen Ängsten kann Baldrian gut angewandt werden. In dieser Eigenschaft ist er zudem ein wunderbares Füllmittel für ein Kräuterkissen.

Kräuterhexen, die ihre Tinkturen nicht selbst herstellen, bekommen Baldrian in der Apotheke. Ich nehme immer die Tinktur, nicht die fertigen Tabletten, aber das ist Geschmackssache. Tinkturen lassen sich jedoch leichter dosieren, gerade wenn ich mehr im energetischen Bereich arbeiten möchte.

Magischer Baldrian

Selbstverständlich wurde so ein starkes Kraut auch schon immer rituell und bei der magischen Arbeit verwendet, darum hier noch ein Hinweis für erfahrene Zaunreiterinnen.

Baldriantee bereitet optimal auf magisches Arbeiten vor, vor allem, wenn du dich tief versenken möchtest. Er ist ein typisches Samhainkraut und daher auch ein wunderbarer Gefährte bei der Schattenarbeit. Die Angst vor Selbstverlust oder Auflösung kann bewältigt werden. Bei Hekate-Ritualen, Überquerungen des Styx oder bei der Abwehr von negativen Kräften solltest du mit ihm arbeiten.

Mittsommer

Mittsommer! An diesem Wendepunkt der Sonne haben auch die Zauberkräuter ihr höchstes Potenzial. Jetzt sammelt die Kräuterhexe den Hauptvorrat für das magische Jahr.

Das Kräutersammeln zu dieser Zeit hat lange Tradition. Um Johanni, das kurz nach der Sonnenwende gefeiert wird, blühen die Johannikräuter. Allen voran das Johanniskraut, wie der Name es schon vermuten lässt. Aber auch Königskerze, Beifuß und viele andere gehören dazu. Kräuterhexen und Wurzelseppen hält es nicht mehr im Haus. Die Wirkstoffe der Johannikräuter sind jetzt auf dem Höhepunkt.

Aus dem Beifuß wurden »Sonnenwendgürtel« geflochten, die man sich um die Taille band und damit über die Sonnenwendfeuer sprang. Danach wurde der Gürtel dem Feuer übergeben und mit ihm Krankheiten und anderes Ungemach.

Einzig Schweden feiert noch Mittsommer, der Rest Europas feiert am Johannistag oder am Wochenende danach. Wobei natürlich der Geburt Johannes' des Täufers gedacht wird.

»Johannis-Feuer sei unverwehrt,
Die Freude nie verloren!
Besen werden immer stumpf gekehrt
und Jungens immer geboren.«
Goethe

In der Mittsommernacht sind die Schleier zwischen den Welten dünn. Wir haben jetzt die Chance, Naturgeister zu sehen. Shakespeare hat das in seinem »Sommernachtstraum« wundervoll umgesetzt.

Natürlich habe auch ich mich mit Sammelkörbchen bewaffnet und bin mit den Hunden auf Kräuterjagd. Die Johannikräuter lieben ihrem Wesen nach die Sonne, daher lasse ich den Wald hinter mir und wandere am Strand entlang. Zwischen dem Gestein und den sandigen Wegen werde ich schnell fündig. Die kleinen, unscheinbaren Blüten des Johanniskrautes leuchten mir vom Wegesrand entgegen. Es ist fast ein wenig früh, bei uns im Norden dauert es immer etwas länger, bis der Sommer wirklich ankommt. Aber ich bevorzuge sowieso die Knospen und leiste mir den Luxus, nur die Blüten zu sammeln. Die Blüten und Knospen kommen direkt in ein Olivenölfläschchen. Das später rötlich werdende Johanniskrautöl, auch Rotöl genannt, ist für sich genommen schon äußerst heilkräftig und vielseitig, aber zu Mittsommer gesammelt, gibt es noch mehr Heilgeheimnisse preis. In käuflichem Johanniskrautöl wird immer die ganze Pflanze verarbeitet. Mein Blütenknospenöl ist da schon ein bisschen feiner.

Einige Blüten halte ich für Tee zurück. Auch den magischen Vorrat werde ich mit ihnen aufstocken.

Anders als das Johanniskraut, macht sich die majestätische Königskerze schon von Weitem bemerkbar. Ihre großen, golden leuchtenden Blütenfackeln überragen alles. Das Sammeln der Blüten ist mühsam, die Blütenblätter sind zart und fein und werden meist von schwarzen Rapsglanzkäfern besucht. Ich puste diese vorsichtig von jedem Blättchen einzeln ab. Die Mühe lohnt sich: Ein Tässchen Königskerzentee zum Frühstück bringt die Sonne in deinen Alltag und hält den Geist fit und rege. Da ich im Sommer strandnah wohne, habe ich das Glück, mir regelmäßig Nachschub holen zu können. Die Königskerze öffnet nie alle Blüten zur selben Zeit.

Wem das Abpusten von kleinen Krabbeltieren zu mühsam ist, der legt sein Sammelgut in eine dunkle Papiertüte. Das mögen die meisten Sechsbeiner nicht und verziehen sich.

In unscheinbarem Grün, einige Schritte daneben, wächst der Beifuß. Er gehörte schon immer zu meinen Pflanzenverbündeten. Von ihm benötige ich heute lange Stiele, um einen Gürtel zu flechten, frische Blätter kommen ebenfalls in den Vorrat. Sie haben noch nicht diesen betörenden Duft wie der Blütenstand kurz vorm Aufbrechen, aber die höchste Wirkstoffdichte. Die Energie der Sonnenwende kommt hinzu. Beifuß gehört nicht zu den gefährdeten Arten, so kann ich mich reichlich bedienen, wobei ich nicht alle Pflanzen von einem Ort nehme.

Wenn ich Pflanzen sammle, die später magisch wirken sollen, erkläre ich mich ihnen schon beim Pflücken. Nachdem ich um die Erlaubnis gebeten habe (das kannst du auch im Geiste tun), sage ich noch ein Sprüchlein auf, zum Beispiel:

»Magische Pflanze, gib mir deine Kraft
aus Blüte und Rinde und Blatt und Saft.
Hilf mir beim Wirken, wenn Zauber *gesprochen,*
Tränke gebraut und Flüche gebrochen.«

Eine andere Bitte äußere ich, wenn ich die Pflanze nur zu Heilzwecken benötige. Findige Hexen nutzen vielleicht eine Kombination aus beiden Sprüchen.

Ich schaue auf und sehe, dass ich allein bin. Natürlich – meine Vierbeiner sitzen im Sandthymian. Hier haben die wilden Kaninchen ihr Zuhause, vielleicht weil sie ihn lecker finden, vielleicht überdeckt er auch ihren Geruch. Letzteres hat zumindest bei meinem Rattler nicht geklappt. Lauernd hockt er vor einem Bau. Der Mops hingegen lauert auf Kalorien. Die gibt es hier nicht, was man seiner gelangweilten Miene ansehen kann. Ich kann mir ein Lächeln nicht verkneifen und rufe die beiden heran.

* * *

Wir ziehen weiter die Steilküste entlang. Die stärksten Pflanzen, was Heilkräfte oder Magie angeht, wachsen meist an ungastlichen Orten. Sich hier behaupten zu können macht einen Teil ihrer Stärke aus. Sie passen sich extremen Situationen an und verteidigen erfolgreich ihre Existenz. An der Küste herrscht ein rauer Wind, der Boden ist karg, das Wasser salzig. Viele Arten wachsen sowohl im Binnenland als auch am Meer, letztere Varianten sind jedoch meist gedrungener und zäher. Wie zum Beispiel der Strandbeifuß. Viel kleiner, aber viel aromatischer. Oder der Strandwegerich. Auf diese Kombination habe ich es abgesehen: Kräuter, die den Winden trotzen und die Mittsommersonne in sich tragen.

Mein Körbchen füllt sich mit Klette, Schafgarbe, Tausendgüldenkraut, Witwenblume, Bibernellrose, Kartoffelrose und Karde. Für mein heutiges Ritual, das auf den »Wendepunkt« ausgerichtet ist, benötige ich auch »mondische« Kräuter. Ich mache daher noch einen kurzen Abstecher in den Wald, um Taubnessel, Knoblauchrauke und Farn mitzunehmen.

Die restlichen Pflanzen für heute wachsen direkt vor meiner Haustür. Auch meinen Walnussbaum werde ich noch einmal plündern. Die grünen Nüsse, in Gewürzsirup eingekocht, werden über die Monate schwarz und geben nach und nach Aromen frei, die die Geschmacksknospen auf besondere Art kitzeln. Ich kann hierfür auch die zuvor im Likör eingelegten Nüsse verwenden. Von den schwarzen Nüssen kann man nicht genug haben, sie sind köstlich zu Käse oder Antipasti, ja sogar zum Vanilleeis. Mit Sonnenwendkräften auch wunderbar in Liebeszaubern.

* * *

Die Blütenfülle der Sommersonnenwende macht mir die Entscheidung schwer. Was pflücke ich, was lasse ich stehen? Liebevoll unterstützend sind alle unsere Pflanzenschwestern. Aber welche sind meine Pflanzenverbündeten?

Einige Verbündete kenne ich natürlich. Das sind Pflanzen, die mich seit meiner Kindheit begleiten. Doch manchmal begleitet dich eine Pflanze nur für eine bestimmte Zeit, in der du sie gerade brauchst. Darum soll es heute Abend in meinem Mittsommerritual gehen: die Pflanzenvertrauten zu finden, die ich jetzt brauche.

So wie jeder Schamane, ja jeder Mensch sein persönliches Krafttier hat, so hat auch jeder seine Pflanzenvertrauten. Dieses Band will ich festigen.

Wenn sich dir also irgendein »Unkraut« permanent in den Weg stellt und dich im Garten ärgert, ist das höchstwahrscheinlich eine Pflanzenvertraute, die jetzt wichtig für dich ist. Befasse dich mit dem Kraut, mit seinen Heilkräften und mit seinen energetischen Kräften. Und ja – auch der Giersch will dir etwas mitteilen! Möglicherweise, dass dein Fleischkonsum zu hoch ist, was deinen Körper übersäuert.

Mein Mann erwartet mich bereits. Er weiß, dass ich mit vollem Kräuterkorb komme und wir einiges vorzubereiten haben.

Während ich die Kräuter für den Vorrat zum Trocknen auslege, bereitet er die Dips für unser Festessen zu. Im Garten hat er den Sitzplatz unter dem Bauernjasmin fertiggestellt. Elfen lieben duftende Blüten!

Kurz vor Sonnenuntergang werden wir mit dem Ritual beginnen und ein kleines Feuer entzünden.

Das Ritual zu Mittsommer

Am schönsten ist ein Platz in der freien Natur, wunderbar wäre natürlich der eigene Garten. Du kannst das Ritual aber auch im Haus ausführen.

RITUAL, UM PFLANZENVERBÜNDETE ZU FINDEN UND DIE MAGIE ZU STÄRKEN

Du brauchst:

* Einen Platz in der freien Natur, im Haus stellst du eine Topfpflanze auf
* Ein Lagerfeuer, im Haus stattdessen eine Kerze
* Eichenlaub, mit dem du deinen Ritualplatz schmückst
* Als Räucherwerk eignet sich: Eiche, Mistel, Farn, Johanniskraut, Rose

* Entzünde das Lagerfeuer. Wenn ihr mehrere seid, stellt euch im Kreis um das Feuer herum.
* Schließe die Augen und stimme dich ein. Spüre in deine Füße. Fühle die Energie der Erde unter dir, jetzt, zur Sonnenwende. Spüre den Puls des Lebens, der durch Wurzeln und Blattwerk fließt. Stell dir den Kreislauf von Mineralien, Nährstoffen, Wasser und Humus vor, der das neue Leben nährt. Fühle die Ausdehnung, die Vitalität und den Fluss der leidenschaftlichen Schöpfung, der an die Oberfläche dringt …
* Wenn du das gut spüren oder dir gut vorstellen kannst, wendest du dich an das Pflanzenreich und sprichst:

»Das Pflanzenreich ruft jeden an,
Der es versteh'n und hören kann.
Drum bitt' ich euch, hier an diesem Ort,
Um eure Hilfe, in Bild oder Wort.

Lasst mich die Verbündeten seh'n,
Die mir fortan zur Seite steh'n.
Für meine Magie gut, wahr und rein,
Will ich sie erkennen, so soll es sein.

Mittsommermagie den Ruf mir verstärkt,
Meine Vertraute bleibt nicht unbemerkt.
Zusammen bündeln wir die Kraft,
Durchs ganze Jahr, mit Leidenschaft.

Der lichtvolle Sommer hat heute begonnen,
Mit Sonne und Mond wird der Zauber gesponnen.
Die Sonnenwende bringt große Magie,
Der Krebs bringt den Mond und befruchtet sie.

Segnet meine Familie, die Erde, mein Heim,
Es sei alles gesegnet, so soll es sein!«

* Bedanke dich beim Pflanzenreich und löse den Kreis auf.

* * *

Sei gewiss, dass dir in den nächsten Tagen eine Pflanze »über den Weg laufen« wird. Sie wird einfach in dein Blickfeld fallen, oder jemand wird dir etwas über eine Pflanze erzählen, was dich aufmerksam macht. Du wirst es spüren, welche Pflanze dir beistehen will. Wenn ihr als Familie dieses Ritual zelebriert habt, wird vielleicht jeder eine andere Pflanze zur Vertrauten haben. Solltest du ein exotisches oder giftiges Exemplar finden, macht das nichts. Du musst die Pflanze nicht essen. Befasse dich dann zunächst nur mit ihren Energien, meditiere vor ihr oder ihrem Abbild. Vielleicht brauchst du sie auch in homöopathischer Form.

Mittsommer ist ein fröhliches, ausgelassenes Fest, trägt es doch das Versprechen warmer und sonniger Tage in sich. Die Vorfreude auf den Jahresurlaub steigt, die Lust auf luftige Garderobe ebenso.

Tanze, feiere und freue dich! Unser vegetarisches Festessen wird deine Intuition schärfen, was dir beim Finden »deiner« Pflanze helfen wird.

Festessen an Mittsommer: Rohkostplatte mit Dips

Zur Sommersonnenwende passen traditionell frische Gemüse, helles Brot, junger Käse, also auch unsere schmackhafte Rohkostplatte mit Dips.

Du brauchst verschiedene Gemüse, die du in Scheiben oder Stifte schneidest, zum Beispiel bunte Möhren, Pastinake, Rote und Bunte Bete, Kohlrabi, Salatgurke und Rettich. Auch Blütenstände von Meerrettich, Raps und Schaumkraut eignen sich zum Dippen. Richte die Gemüse auf Platten an und reiche die verschiedenen Dips dazu.

Hüttenkäse mit Knoblauchrauke

2 TL gehackte Gundelrebe

3 EL gehackte Knoblauchraukenblätter

200 g Hüttenkäse

Abgeriebene Schale von 1/2 Zitrone

1 Prise Kräutersalz

Die magischen Eigenschaften der Zutaten

Hüttenkäse – Mondisch, Katalysator

Gundelrebe – Schutz, Weissagung, Intuition

Knoblauchraukenblätter – Mondisch, Schutz

Zitrone – Schutz

Die Kräuter wirklich ganz fein hacken und mit Hüttenkäse, Zitronenschale und Kräutersalz verrühren.

Taubnesseldip

75 g Taubnesselblätter * 100 g Joghurt * 4–5 EL Olivenöl
1 Prise Salz * 20 g Frischkäse * 1 TL Senf

Die magischen Eigenschaften der Zutaten

Taubnesselblätter – Grundvertrauen, Erdverbundenheit

Joghurt – Spiritualität

Olivenöl – Schutz

1. Taubnesselblätter mit Joghurt, 2 EL Olivenöl, 2 EL Wasser und Salz pürieren und durch ein (nicht zu feines) Sieb streichen. Den Saft auffangen.
2. Frischkäse, 2–3 EL Olivenöl und Senf mit dem Saft verrühren – fertig!

Rohkostplatte mit verschiedenen Dips

Gänseblümchen-Lärchen-Quark

3 EL Gänseblümchenblüten * 1,5 EL Lärchenschösslinge
120 g Sahnequark * 1 EL Olivenöl * 1 Prise Salz

Die magischen Eigenschaften der Zutaten
Gänseblümchenblüten – Liebe, Glück
Lärchenschösslinge – Schutz,
gegen Schuldgefühle

1. Einige Gänseblümchenblüten zur Dekoration beiseitelegen.
2. Die Lärchenschösslinge fein und die Gänseblümchenblüten noch ein Stück feiner hacken.
3. Alle Zutaten miteinander verrühren. Mit Gänseblümchenblüten dekorieren.

Pflanzenrezepte

Knospensalz

Wenn du magst, kannst du dein Knospensalz jetzt mit Gartenkräutern anreichern. Thymian, Bohnenkraut, Rosmarin, je nach Geschmack. Wenn du dich nicht entscheiden kannst, teile die Salzmenge auf und mische verschiedene Geschmacksrichtungen.

Schwarze Nüsse

1 kg frische grüne Walnüsse * 1 kg Zucker * 5 Stangen Zimt
1 Vanilleschote * 6 Bio-Zitronen * 1 EL Gewürznelken

1. Grüne Nüsse färben stark. Daher bitte nur mit Einmalhandschuhen arbeiten und Kleidung und Arbeitsflächen schützen.
2. Die Nüsse waschen, trocken tupfen und 13-mal mit einem Zahnstocher o. Ä. bis in die Mitte einstechen. Dafür braucht man natürlich noch weiche Nüsse, die es nur bis maximal Ende Juni gibt.
3. Die Walnüsse dann in einen Topf geben, mit Wasser bedecken und beschweren, damit sie nicht obenauf schwimmen (z.B. mit einem Teller).
4. Im Topf etwa 13 Tage stehen lassen, dabei täglich zweimal neu wässern.

5. Nach 13 Tagen geht es endlich weiter:
6. Das Wasser abgießen und die Nüsse trocken tupfen.
7. Den Zucker erhitzen und leicht karamellisieren (nicht zu dunkel werden lassen!), mit 1 l Wasser ablöschen, aufkochen und so lange köcheln lassen, bis sich der Zucker aufgelöst hat.
8. Zimtstangen, längs aufgeschnittene Vanilleschote, in Scheiben geschnittene Zitronen und Gewürznelken sowie die Nüsse dazugeben. Kurz aufkochen, dann vom Herd nehmen und über Nacht erkalten lassen.
9. Am nächsten Tag alles noch einmal aufkochen und 15 Minuten leise köcheln lassen. Dann abseihen.
10. Die Nüsse in Gläser schichten. Die Marinade etwas einkochen lassen und noch heiß über die Nüsse gießen. Die Gläser sofort verschließen.
11. Die Nüsse mindestens sechs Monate lagern, wenn sie als Beilage für Wild gegessen werden, sind sogar fünfzehn Monate anzuraten.
12. Voilà: Schon hast du ein perfektes Weihnachtsgeschenk für liebe Menschen. Ich gestehe allerdings, dass wir die Nüsse meist selbst essen …

Tipp

Statt frischer Nüsse können auch die abgeseihten und geschnittenen Nüsse aus dem Walnusslikör-Rezept verwendet werden. Dann entfällt das Entwässern.

Walnusslikör

20 grüne Walnüsse * 1 l Obstbranntwein * 2 Gewürznelken
1/2 Zimtstange * 2 EL Kakaopulver * 1/2 Vanilleschote, längs halbiert
50 g Puderzucker

1. Die Nüsse in feine Scheiben schneiden.
2. Die Nussscheiben zusammen mit sämtlichen Zutaten in ein Glasgefäß füllen und für einen halben Mondlauf (14 Tage) in die Sonne stellen.
3. Das Gefäß anschließend sieben Wochen an einen kühlen Ort stellen.
4. Danach den Likör abseihen, in Flaschen füllen und mindestens drei Monate reifen lassen.

Juli – Seelenmond

Ich gehe am Strand entlang, die Sonne streichelt meine Haut. Eine leichte Brise macht die Hitze erträglich. Sie trägt einen Duft mit sich, lieblich, einmalig, an Honig erinnernd. Ich blicke mich um und sehe sie: die Linde, in voller Blüte, von Bienen und Menschen gleichermaßen geliebt. Der helle, feine Honig, den sie uns über die Bienen schenkt, gleicht ihrem Charakter: Er beruhigt, gleicht aus, hilft dem Menschen, seine Werte zu bewahren. Die Linde wird mit Glück und Unsterblichkeit verbunden, und sie »lindert« viele Schmerzen, körperlich wie seelisch. Als »Salatbaum« lässt sie uns ihre Blätter noch genießen, wenn andere Bäume nur noch bittere und zähe Exemplare anzubieten haben. Ich schließe für einen Moment die Augen, atme den berauschenden Duft tief ein. Dann löse ich mich und besinne mich auf mein eigentliches Vorhaben. Ich nehme die Glasflasche mit dem Brunnenwasser aus dem Korb und stelle sie geöffnet in die Sonne. Drei Stunden werde ich es hier belassen, danach wieder mitnehmen. Dann ist das »Seelenwasser« fertig. Verschlossen und kühl gestellt, hilft es gegen Kopfschmerzen und Depressionen. Da es nur einige Tage haltbar ist, werde ich wiederkommen.

Jetzt im Juli, im Sternzeichen des Krebses, kann man sie spüren, die Macht der großen Göttin aus vorchristlichen Zeiten. Und auch ich habe jetzt die Chance, wieder in mir zu Hause zu sein, mich selbst zu spüren, mein Frausein, mich und meine eigene Macht.

Die Ostsee, heute sanft und mütterlich, umschmeichelt meine Knöchel mit weichen Wellen. Kleine, vorwitzige Garnelenkinder kitzeln meine Füße. Ich sammle die hellen jungen Spitzen vom Blasentang, die wohldosiert in meinen Knäckebrotteig kommen oder mich als Tee vitalisieren werden. Wie immer kommen auch ein paar Spitzen in den magischen Vorrat. Der Blasentang bewährt sich als Reiseschutz, für Meeresmagie und Geldzauber.

Neben dem Tang wandern auch andere magische Schätze in meine Taschen. »Hühnergötter«, die Lochsteine, die Glück und Schutz bringen, »Hexeneier«, die man sehr selten findet, da es versteinerte Seeigel sind, und hier und da ein schönes perlmuttschimmerndes Austernschalenstück. Perlen und Silber – diese Schmuckstücke unterstützen meine Wandlung zurück in mein wirkliches Ich, in meine Kraft. Genau wie »mondisches« Essen: Milchprodukte, Algen und einige Kräuter.

Ich richte mich auf und schaue zum Horizont. Fast entfährt mir ein kleiner Aufschrei. Nur wenige Meter vor mir gleitet die sanft gerundete Rückenlinie eines Schweinswales durch das Wasser. Ein seltenes Schauspiel! Nicht nur weil Schweinswale vom Aussterben bedroht sind, sondern weil es wirklich guter Augen und einer ruhigen See bedarf, sie zu sehen.

Wale haben noch Zugang zum alten Wissen. Will er mir eine Botschaft überbringen? Ich lausche nach innen. Aber nein. Nichts. Vielleicht war er nur neugierig. Ich lächle und rufe ihm einen Gruß hinterher, aber da ist er schon verschwunden.

Ich verlasse den Strand, um noch ein paar Eschenblätter zu sammeln. Ja, ich sammle oft von der Esche. Sie ist ein Lebenselixier. Es soll einen Club der Eschenelixiertrinker geben, die sich der Langlebigkeit rühmen. Sie werden angeblich etwa 110 Jahre alt, wenn sie nicht sogar unsterblich sind. Ich kenne leider niemanden aus dem Club persönlich und habe auch noch nicht das Alter, um den Wahrheitsgehalt zu bestätigen, aber die Esche gehört in der Volksheilkunde schon lange zu den Pflanzen, die den Alterungsprozess verlangsamen sollen. Darum trockne ich die Eschenblätter für Tee oder Elixiere.

Überhaupt bietet sich der Seelenmond an, die bisher gesammelten Kräuter zu verarbeiten. Es ist die Zeit des »Wasserbrennens«, wie die alte Kunst der Destillation auch genannt wird. Ja, ich bin eine bekennende »Wasserbrennerin«. Und obwohl ich das Prinzip des Destillierens schon immer verstanden und auch angewendet habe, hat mir ein Kurs bei der Kräuterhebamme Barbara Kircher-Storch noch so manches Geheimnis dieser uralten Frauenkunst offenbart.

Auf dem Rückweg kommen noch Sauerampfer und Melde in meinen Korb. Auch der nach der Mahd noch einmal knackig nachgewachsene Giersch wird dankend geerntet. Heute, zu meinem Geburtstag, gibt es ein leichtes, leckeres Essen mit Kräutern, die normalerweise beim Jäten auf dem Kompost landen würden. Ich muss lächeln. Wie oft hat man das Gute direkt vor der Nase, ohne sich dessen gewahr zu sein? Ich würde das den Menschen gern zeigen, deswegen mache ich Kräuterwanderungen. Aber nicht heute. Heute ist mein Tag.

Das Wetter ist mild genug für ein Strandritual. Wieder muss ich lächeln, freue mich am Dasein. Das ist die Qualität des Seelenmonds. Wer es zulässt, wird sich wiederfinden. Sich oder vielleicht auch seinen karmischen Partner. Das dritte Auge sieht klarer. Ein guter Monat zum Heiraten und Feiern.

Und heute wird gefeiert! Ich muss gar nichts tun. Mein Mann nimmt mir den Korb ab und verschwindet in der Küche. Ich kann mich bis zum Abendessen und dem Strandritual dem Laissez-faire hingeben.

Das Ritual im Juli

Ich habe lange überlegt, ob ich über Meeresmagie schreiben soll, denn es wird nicht jeder die Möglichkeit haben, einen menschenleeren Strand zu nutzen. Allerdings möchte ich eine der mächtigsten magischen Quellen nicht unerwähnt lassen, daher beschreibe ich hier ein Strandritual. Wasser ist ein Flächenwesen. Magie, die du im Wasser wirkst, wird überall ankommen, wo du möchtest.

Bereite das Ritual gut vor:

* Wähle einen Strand und eine Zeit, zu der du ungestört arbeiten kannst. Notfalls frühmorgens. Optimalerweise bei Vollmond.
* Prüfe die Gezeiten, wenn du mit Ebbe und Flut rechnen musst. Es soll nicht gefährlich werden. Bei zurücklaufendem Wasser wirke Zauber, die dich von etwas befreien sollen, bei Flut Zauber, die etwas bringen sollen. Der Wendepunkt der Gezeiten ist neutral.
* Wenn notwendig, bereite den Platz so vor, damit du später bequemer sitzen kannst. Räume vielleicht einige Steine zur Seite.
* Lies das Ritual vorher durch oder arbeite aus dem Bauch heraus. Meeresmagie ist kreativ und inspirierend, sie funktioniert im Rhythmus der Gezeiten. Monotones Vorlesen oder mechanische Riten würden sie stören.
* Hab Respekt. Wenn du allein arbeitest, geh nicht zu tief ins Wasser, schon gar nicht nachts. Wenn du einmal bei Sturm am Meer gewesen bist, weißt du, warum: Es hat eine gewaltige Urkraft, ist unberechenbar. Versuche dich stets auf das Meer einzustimmen, bevor du einen Zauber wirkst. Die See ist jeden Tag anders.
* Hinterlasse deinen Ritualplatz sauber, lösche das Feuer.

RITUAL, UM EINS MIT SICH ZU SEIN UND SEINE KRAFT WIEDERZUFINDEN

Das folgende Ritual stimmt dich auf das Meer ein, aber auch auf deine eigenen inneren Kräfte. Vergiss nicht: Wir kommen aus dem Meer. Es ist unsere Urheimat. Unser Blut hat die gleiche Zusammensetzung (von den Inhaltsstoffen her) wie das Meerwasser, wenn auch der Salzgehalt nicht der gleiche ist.

Wir Frauen sind übrigens die einzige Spezies unter den Säugetieren, die den Mondrhythmus wortwörtlich im Blut hat.

Lies die nachfolgende Beschreibung in Ruhe, und versuche, sie auswendig umzusetzen. Du kannst nichts falsch machen. Improvisiere, trau deinem Bauch.

* Geh in der Dämmerung oder nachts an einen einsamen Strand. Wenn du möchtest, nimm eine Muschel oder einen schönen Stein mit, der die Energien dieses Rituals für dich speichern wird. Gehe kraftvoll und freudig. Denke mit Zärtlichkeit an das Meer. Ziehe deine Schuhe aus und gehe langsam mit den Füßen tastend ans Wasser. Fühle den feinen Sand, spüre die kleinen feuchten Küsse, mit denen die Wellen deine Zehen begrüßen. Das Meer heißt dich willkommen.
* Lass deine Füße langsam einsinken, fühle das Element, verschmelze mit ihm. Beuge dich herab oder gehe in die Hocke und berühre das Wasser mit den Fingern. Schließe die Augen,

atme tief ein. Lausche in die Nacht, in die leichte Brandung, schmecke und rieche das Salz, fühle …

* Lecke einen Tropfen Meerwasser von deinen Fingern und koste. Verweile kurz und spüre nach.
* Richte dich wieder auf und öffne die Augen. Schau aufs Meer.
* Gehe langsam etwas zurück und setz dich in den Sand. Deine Muschel oder deinen Stein kannst du vor dir ablegen. Du schwingst jetzt mit dem Meer, spürst seinen Herzschlag, seine grenzenlose Energie. Fühle die Verbundenheit.
* Lausche … nimm wahr. Hörst du Tiere? Flüstern die Wellen?
* Schließe die Augen und stelle dir Folgendes vor: Du erhebst dich und gehst langsam zurück zum Wasser. Du gehst weiter, ohne Hast, ohne Angst. Du spürst, wie dich das lebendige frische Wasser umspült. Noch ein paar Schritte, und du beginnst zu schwimmen. Die Wellen drängen dich ein wenig zurück, zum Land, zu deinem Heim, deiner Familie. Aber gleichzeitig spürst du diesen leisen Ruf der Tiefe, spürst, wie die Mondkräfte in deinem Bauch ziehen, wie das Wasser deine Gedanken reinigt und deine Seele berührt.
* Nun schwimme langsam zurück ans Ufer. Du bist kraftvoll, du bist stark. Es fällt dir leicht, mit wenigen Zügen ins flache Wasser zu gelangen. Deine Füße ertasten den Grund. Fühle, wie das Wasser nach und nach weicht, wenn du der See entsteigst. Fühle, wie deine Füße allmählich härter aufsetzen, dich die Erde wiederhat. Spüre die Sandkörnchen unter deinen kalten Füßen. Setz dich wieder an deinen Platz. Beende die

Visualisierung und öffne die Augen. Blicke entspannt auf das Meer, lausche, schmecke, spüre …

* Du bist wieder angekommen. Am Strand und bei dir. Bleib so lange sitzen, wie du magst. Atme einmal tief durch und erhebe dich.

Zieh dich langsam zurück. Die ersten Schritte rückwärts, dann wende dich um und geh nach Hause. Doch du bist nicht getrennt! Du spürst, wie das Meer bei dir bleibt, wie es in dir lebt. Du kannst seine Gezeiten fühlen. Es ist in dir. Seine Kraft ist deine Kraft.

* * *

Wenn du wieder zu Hause bist, bleibe in der Ruhe. Trinke vielleicht ein Glas Wein oder lies ein Buch. Lass dich nicht hetzen. Natürlich kannst du auch einfach ins Bett gehen und mit Meeresrauschen im Herzen einschlafen. Deine Muschel oder deinen Stein legst du auf deinen Nachttisch.

Vielleicht hast du das heutige Rezept vor dem Ritual zu dir genommen, oder du hast jetzt Lust darauf. Es gibt keine Regeln.

Rezept zum Ritual

Mit diesem Salat verbindet sich das Beste aus den Welten: mondisches Essen (Holunder), Sonnenkräfte (Oliven), Venuskräfte (Beeren), das Element Wasser (Fisch, einige Beeren) und die Kräfte des grünen Mannes (Kräuter). Er wird deine Intuition, deine Seele und deinen Körper stärken.

Grüner Sommersalat mit Beeren

40 g Sauerampfer * 30 g Giersch * 100 g Melde
1 EL Holunderblütenessig * 1 EL Olivenöl * Salz, Pfeffer
100 g Sommerbeeren * 100 g geräuchertes Lachsforellenfilet

Die magischen Eigenschaften der Zutaten

Sauerampfer – Loslassen v. Ungerechtigkeiten
Giersch – Selbstbehauptung
Melde – Glück, Führungsqualitäten
Holunderblütenessig – Heilung, Wohlstand, Schutz
Olivenöl – Schutz, Sonnenkräfte
Salz, Pfeffer – Schutz
Sommerbeeren – Glück, Wohlstand, Liebe
Lachsforelle – Intuition, Unbewusstes

1. Die Kräuter waschen und in mundgerechte Stücke zupfen.
2. Aus Essig, Öl, Salz und Pfeffer eine Vinaigrette anrühren.
3. Die Kräuter anrichten, Beeren und in Stücke geschnittene Lachsforelle hinzufügen.
4. Kurz vor dem Anrichten mit der Vinaigrette besprenkeln.

Knospensalz

In das Knospensalz kannst du jetzt Beifuß, Gänseblümchen, Löwenzahn, Ringelblume, Rose, Kornblume und Schafgarbe (hier die kleinen, zarten Fiederblättchen) geben. Wenn dir das zu bunt wird, kannst du die Mischung teilen und unterschiedliche Geschmacksrichtungen kreieren.

Duftender Zucker

Im Juli kannst du auch wunderbar Rosen- und Lavendelzucker herstellen: 30 g Rosenblüten oder 5 g Lavendelblüten mit 100 g Zucker fein

mahlen oder im Mörser fein zerreiben. Dazu immer 1 TL Blüten mit 1 EL Zucker verarbeiten, den restlichen Zucker zum Schluss dazugeben. Wenn die Blüten frisch sind, nimmt der Zucker die Farbe an. Aber auch getrocknete Blüten sehen im Zucker sehr schön aus, dazu einige Exemplare zurückbehalten, um sie hinterher lose unterzumischen. Sollte der Zucker beim Verwenden frischer Blüten feucht geworden sein, lass ihn vor dem Abfüllen auf einem Backblech ausgebreitet trocknen.

Tomatenbad für den Rücken

Wenn du die Gartenarbeit im Rücken spürst, dann sammle die ausgegeizten Triebe und Blätter von Tomaten, trockne sie und bereite einen Aufguss daraus. Dafür 3 EL Kraut mit 250 ml heißem Wasser übergießen und das Ganze 15 Minuten ziehen lassen. Abseihen und dem Badewasser zusetzen.

Beifuß

Beifuß ist eines der ältesten magischen Kräuter und gehört in den Hexenvorrat. Im Zweifel kann man immer etwas Beifuß räuchern. Er ist eine mächtige Schutzpflanze und kann uns auf höhere Ebenen bringen.

* Eine Tasse Beifußtee am Abend schenkt Wahrträume. Bitte vorsichtig dosieren, er ist sehr bitter: 1 TL getrocknetes oder 2 TL frisches Kraut mit 250 ml kochendem Wasser übergießen. Nach 1–2 Minuten abseihen. Beifuß sollte nicht im Übermaß genossen werden.

* Beifuß kann genauso gut ins Kräuterkissen kommen, wo er ähnliche Wirkung hat. Außerdem vereinfacht er Astralreisen.
* Magische Spiegel und Kristallkugeln werden mit Beifußkraut abgerieben.
* Wer mit Beifuß räuchern möchte, ist nicht unbedingt auf ein Stövchen oder Räucherkohle angewiesen: Die getrockneten Blütenrispen können mit etwas Druck zu kleinen Kügelchen zusammengerollt werden und glimmen nach dem Entzünden selbstständig weiter. Dann kann man auch Harze oder andere Kräuter auf die Kügelchen auflegen. Die Kugel auf einen feuerfesten Teller oder in eine Muschelschale geben.
* Beifußstängel können aber auch, so wie die »Sage-Räucherbündel« der Indianer, mit einer Schnur zusammengebunden und so verräuchert werden. Das »Sage« ist eine Beifußart, auch wenn man bei der Übersetzung an unseren Salbei denkt.

»Feuer im Becken«-Balsam für Frauen nach Heide Fischer

frische Beifußspitzen * Olivenöl
gelbes Bienenwachs

1. Beifußspitzen in ein Glas geben, mit Olivenöl auffüllen, bis alles bedeckt ist, und zwei Wochen an der Sonne ausziehen lassen.
2. Diese Mischung erhitzen, eine Viertelstunde leicht köcheln lassen und abseihen.
3. Mit gelbem Bienenwachs zu einem Balsam andicken, dabei brauchst du etwa 10 Gramm Bienenwachs für 100 Gramm Öl.

Dieser Balsam bringt das Blut und damit die Energien dorthin, wo wir Frauen es oft nötig haben: in die Beckenorgane. Reibe dazu ein wenig von dem Balsam auf den Unterbauch. Dieser Balsam ist eine Wohltat, da unser Becken durch sitzende Tätigkeiten und wenig Sport meist nicht mehr so gut durchblutet ist.

LUGHNASADH BIS SAMHAIN

Zeit der Ernte

Die ersten Vorboten des Herbstes
sind bereits zu spüren. Mit dem
1. Kornfest Anfang August wird die
Zeit der Ernte eingeläutet, die über
die Herbst-Tagundnachtgleiche bis zu
Allerheiligen reicht.

Die ersten Apfelernten werden Ende August eingefahren und lassen uns schon an den Herbst denken. Trotzdem erscheint uns das erste Erntefest mit dem 1. August recht früh. Doch die reifen Früchte und das teilweise schon im Juli geerntete Korn tragen die Würze des Herbstes in sich. Außerdem waren unsere Ahnen noch darauf angewiesen, rechtzeitig mit der Vorratswirtschaft zu beginnen. Wetter und Jahreszeiten halten sich nicht immer an den Kalender.

Spätestens mit Beginn des Altweibersommers, der malerisch die mit Morgentau benetzten Spinngewebe der jungen Baldachinspinnen zeigt, zelebriert die Natur den Frühherbst. Wir nutzen die letzten warmen Sonnenstrahlen und freuen uns über gefüllte Vorratskammern. Der September läutet auch kalendarisch den Herbst ein, doch erst mit den reifen Kastanien und den roten Blättern der Laubbäume sind wir im Vollherbst. Das Ernten geht noch weiter bis Ende Oktober und wird mit dem dritten und letzten Erntefest, Samhain, abgeschlossen.

* * *

Er beginnt unbemerkt, der Herbst. Die Abende werden kühler, und man muss doch öfter mal eine Jacke aus dem Schrank holen. Die leuchtende Farbenvielfalt der Sommerblumen wird vom satten Orange und Rot der ersten prallen Beeren abgelöst. Hier und da fallen Blätter. Vom Morgentau glitzernde Spinnweben spannen sich über die Sträucher.

Dann färben sich die Blätter. Die Felder liegen kahl. Die letzten warmen Sonnenstrahlen überziehen das Blätterbunt mit einem goldenen Schimmer. Immer noch gibt es warme Tage, und Mutter Natur schenkt uns reichlich Früchte und Pilze, um uns gesund durch die Wintertage zu bringen. Die Welt duftet. Vollreifes Obst, würziges Gemüse, erdige Pilze – ein sinnlicher Rausch. Kinder spielen in bunten Blätterhaufen, sammeln glänzende Kastanien. Der Herbst versüßt uns den Abschied von der Leichtigkeit des Sommers und erinnert uns daran, dass bald die Zeit der inneren Einkehr kommt.

Der Herbst steht für Wohlstand und Ernte. Was wir im Frühjahr gesät haben, können wir jetzt genießen. Für Zauber, die Einkommen oder Beruf betreffen, ist jetzt die optimale Zeit. Wir haben auch noch die Gelegenheit, unsere magischen Vorräte aufzustocken und Dinge zu Ende zu bringen.

Es ist die Zeit der Wurzeln, die jetzt prall gefüllt mit Wirkstoffen in der Erde ruhen. Sei es vom Löwenzahn, von der Knoblauchrauke, vom Beinwell oder auch von der Pastinake. Wenn sich die Pflanzen zurückziehen, sind all ihre Eigenschaften, ob magisch oder medizinisch, in den Wurzeln konzentriert zu finden.

Lughnasadh – 1. Kornfest oder Erntefest

Die feierfreudigen Kelten sollen Lughnasadh, das 1. Kornfest, 14 Tage vor bis 14 Tage nach dem 1. August gefeiert haben. Wobei das natürlich nicht gesichert ist, schließlich existiert unser heutiger gregorianischer Kalender erst seit knapp 400 Jahren. Es ist eher anzunehmen, dass der Vollmond, der dem 1. August am nächsten lag, der Mittelpunkt des Festes war. Schließlich gab es keinen Strom, und Feiern unterm Vollmond ist nicht nur stimmungsvoller, sondern auch magischer. Die vier Wochen können wir uns heute leider nicht mehr leisten, manch einer hat nicht einmal so viel Jahresurlaub.

Dekorieren kannst du wie zu einem Erntedankfest. Denn das ist Lughnasadh: die Feier der beginnenden Ernte. Es wird gegessen, gespielt, gedankt. Ab jetzt werden keine Kräuter mehr geerntet. Sieh das nicht als Verbot, du kannst jederzeit sammeln, was du brauchst. Dahinter steckt schlicht der Hinweis, dass die Wirkstoffe in den Kräutern zum Herbst hin abnehmen. Nach meiner Beobachtung sind die Jahreszeiten inzwischen so versetzt, dass ich ab September nichts mehr sammle.

Ich sitze mit einer Tasse Kaffee in den Dünen und genieße den Sonnenaufgang. Ich bin dankbar. Dankbar, hier einfach so sitzen zu dürfen, bei einer leichten Brise, in einer hollywoodwürdigen Kulisse. Vor mir pickt eine Gruppe Alpenstrandläufer nach unachtsamen Kleintieren, die ihnen als Frühstück dienen. Die scheuen Vögel sind so gut getarnt, dass die meisten Spaziergänger sie gar nicht wahrnehmen.

Ich schon, denn ich habe Zeit. Ich habe sie mir genommen. Heute ist »Hexen-Erntedank«. Etwas ungewöhnlich, ein Erntedankfest so relativ früh im Jahr, aber es wird ja auch der Beginn der Ernte gefeiert und nicht der Abschluss.

Ein Sonnenaufgang in den Sommermonaten ist etwas Erhabenes. Es ist mir zur lieben Gewohnheit geworden, ihn so oft es geht zu

genießen. Im Sommer ist das eine kleine Herausforderung, denn ich muss dann wirklich schon sehr früh aus den Federn. Wenn ich es auch nicht immer schaffe, so doch wenigstens hin und wieder.

Und heute habe ich es geschafft. Die Landschaft ist wie gemalt. Das Wasser spiegelglatt. Kaum ein Laut ist zu hören. Auch der Himmel erstrahlt intensiv blau, noch nicht durch Kondensstreifen der Flugzeuge verletzt. Ein Blau, das das Auge kaum zu erfassen vermag. Es dringt tief in die Seele.

Ich stelle meine Tasse in den Sand und klettere in mein Kanu. Leise gleite ich über das Wasser, über die Tangwälder, in denen sich die Kinderstuben der Fische befinden, über kahle Sandbänke, auf denen sich nur hin und wieder mal ein Krebs verläuft. Mein Blick geht tief bis auf den Grund. Das ist der Zauber dieser Morgenstunde. Alles scheint unberührt.

Doch ich bin nicht die Einzige, die es so früh nach draußen zieht. In der Ferne höre ich das Knattern eines Dieselmotors. Der Fischer zieht aus, um seine Netze zu kontrollieren. Und als wäre dies das Startsignal für das Erwachen des Tages, prägt nun eine leichte Bewegung das Landschaftsbild. Die Wellen kräuseln sich, die ersten Kormorane sind zu hören. Möwen stimmen ein. Der erste einsame Flieger teilt das Blau des Himmels mit einem weißen Wattestreifen in zwei Teile.

Jetzt geht alles schnell. Weitere Fischer fahren aus. Andere Flieger schreiben ihre Routen in das Blau, die ersten Jogger traben über den Strand. Mein Kanu schaukelt im Wellengang, den die Fischerboote verursacht haben. Die Wellen verwehren den klaren Blick auf den

Meeresgrund. Eine Brise lässt die Blätter der Bäume an der Steilküste leise rascheln, als würden sie mir noch schnell einen Abschiedsgruß zuflüstern wollen.

Ich rudere zurück. Es ist immer noch schön, aber nicht mehr mystisch. Die Zwischenzeit, die magische goldene Stunde, ist vorbei. Die Welt ist wach. Als ich mein Kanu an den Strand ziehe, fällt mein Blick auf eine kleine Wattewolke. Mitten im Grün. Ich schnappe meine Tasse und gehe nachsehen. Tatsächlich. Hier zwischen den Wiesen blüht das Mädesüß. Ich kann nicht umhin, ein paar Wölkchen mitzunehmen. Das Mädesüß hat ein traumhaftes Aroma.

Jetzt freu ich mich auf das Frühstück. Ich fühle mich energiegeladen und stark. Es hat sich gelohnt, das frühe Aufstehen. Sonnenaufgänge zu tanken bringt uns wieder in Verbindung mit unserem eigentlichen Sein.

Heute Abend werden wir mit einer kleinen Feier danken. Nicht unbedingt nur für die Gemüseernte, das trifft auf uns weniger zu. Auf diesem kargen Boden hier bauen wir kaum etwas an. Wir wollen für all das danken, was wir an Erfolgen und Gelegenheiten »geerntet« haben.

* * *

Wir schmücken gerade die Terrasse für das Fest, als meine Freundin Suse erscheint. Sie sieht wütend aus und ballt immer wieder die Fäuste. Ich bedeute ihr, mit in die Küche zu kommen, und bei einem Kaffee erzählt mir Suse die ganze Geschichte: Der neue Chef hat sie degradiert. Sie musste in ein kleineres Büro umziehen und darf nur noch zuarbeiten. Ihre Kunden wurden einer anderen Mitarbeiterin zugeteilt. Suse beteuert, es mit einem offenen Gespräch versucht zu haben, aber sie habe einen Knoten im Magen. In dieser Firma sähe sie keine Zukunft mehr. Sie wolle einen neuen, guten Job und dafür magische Hilfe. Ich nicke. Suse hat nicht die Ruhe, heute mit uns zu feiern. Sie muss sich auspowern, meint sie, bedankt sich und geht.

Ich werde unser Dankritual um ein kleines Erfolgsritual für meine Freundin erweitern. Für das Bisherige danken und um einen neuen Erfolg, den sie ernten möchte, bitten.

Das Ritual zu Lughnashad

ERNTEDANKRITUAL UND BITTE FÜR EINE FREUNDIN

Vorbereitung:

* Schmücke den Ort eures Beisammenseins mit Ähren, Erntekörben, Strohfiguren oder Ähnlichem – ganz so, wie für dich ein Erntedank aussieht.
* Auf den Esstisch kommt eine weiße Kerze.

Wenn du für jemanden, der nicht selbst teilnehmen kann, ein Problem lösen möchtest, bau eine kleine stellvertretende Puppe aus

Maisblättern. Das ist gar nicht schwer. Du musst nur ein Maisblatt quer in der Mitte knicken und oben ein Kopfteil abbinden, ein Maisblatt über Kreuz legen für die Arme, dann das senkrechte Blatt darunter noch einmal abbinden, und schon hast du zwei Beine. Zum Abbinden nimmst du farbige Bänder, die zum Anliegen passen, zum Beispiel Blau für Heilung, Grün für Wohlstand oder Rot für Liebe. Die Puppe soll kein Kunstwerk werden.

* Dann nimmst du einen Zettel, schreibst auf die eine Seite den vollen Namen der Person und auf die andere Seite ihr Anliegen. Den Zettel schiebst du in den Bauch der Puppe. Dann kommt die Puppe auf den Altar oder ein anderes schönes Plätzchen. Sie wird die Energien des Rituals aufnehmen und die Magie aktivieren. Lass die Puppe so lange stehen, bis das Problem gelöst ist. Manche Veränderungen brauchen Zeit.

* Lade zu Tisch, und warte, bis alle sitzen. Dann entzünde die Kerze. Nimm sie zu dir hin, in die Hand oder vor dich auf den Tisch, dann sprich:

»Wir sind hier zusammengekommen,
um für die Erfolge und Ernte des Jahres zu danken.
Wir möchten alle ehren, die uns dabei geholfen haben,
die Früchte unserer Arbeit zu ernten.«

* Gehe für eine kleine Weile in die Stille. Jeder besinnt sich jetzt auf das, wofür er Dankbarkeit empfindet.
* Dann beginnst du wieder, schaust in die Kerze und sagst:

»Ich danke Mutter Erde für ihre Gaben, dass sie uns nährt und schützt. Ich danke der Sonne, dass sie uns wärmt und unsere Nahrung wachsen lässt. Ich danke dem Wasser, ohne das wir alle nicht existieren könnten. Ich danke … (hier setzt du deinen Schöpfer ein, sei es die Göttin, der Gott, das Universum oder ›alles was ist‹) *für Geleit und Schutz.«*

»Ich danke dafür, dass … (hier setzt du persönliche Erfolge ein, vielleicht im Job, oder das Besiegen einer Krankheit, Familienzuwachs – was immer dein Jahr bereichert hat; auch wenn es nur das ist, dass es ein ruhiges Jahr war, ohne Prüfungen).«

* Wenn du geendet hast, übergibst du die Kerze der Person zu deiner Linken. Jetzt fährt sie mit ihren persönlichen Dankesgründen fort und gibt die Kerze danach weiter, bis alle etwas beigetragen haben.
* Du schließt mit: »So danken wir für alle Gaben, die wir in Liebe empfangen haben.« Dann stellst du die Kerze in die Mitte. Lass sie während des Essens brennen.

Jetzt kann das Fest beginnen!

Lachs auf Klatschmohn

**2 Tassen Basmatireis * Salz * 200 ml Fischfond * 10 ml Pernod
4 Lachssteaks * etwas langer Pfeffer * 3 Handvoll Klatschmohnblütenblätter * 2 Handvoll Kornblumenblütenblätter
Zum Dekorieren: Kamillenblüten**

Die magischen Eigenschaften der Zutaten

Klatschmohnblütenblätter – Glück, Wohlstand, Liebe
Kornblumenblütenblätter – Liebe
Pernod – Heilung, Schutz, Geld
Lachssteaks – Intuition
Basmatireis – Wohlstand
Kamillenblüten – Gegen Flüche

1. Den Reis waschen und 30 Minuten in Wasser einweichen.
2. Frisches Wasser mit 1 TL Salz zum Kochen bringen, den eingeweichten Reis abgießen und im kochenden Wasser etwa 6 Minuten bissfest garen. Abgießen und den Reis wieder in den Topf geben.
3. Den Topf mit einem sauberen Tuch abdecken, den Topfdeckel fest aufsetzen, damit kein Dampf entweicht, und den Reis bei ausgeschaltetem Herd 20 Minuten dämpfen. Mit dieser Methode wird Basmatireis aromatischer, klebt nicht, und die Inhaltsstoffe bleiben erhalten.

4. Den Fischfond erhitzen, Salz, Pfeffer und Pernod zugeben und die Lachssteaks darin bei mittlerer Hitze etwa 5 Minuten gar ziehen lassen.
5. Die Kornblumen- und Mohnblüten auf einem Teller auslegen. Lachs und Reis auf dem Teller verteilen, den Fond über den Lachs gießen und alles mit ein paar Kamillenblüten bestreuen.
6. Nun genieße dein Kornfest mit diesem schönen Kornblumengericht!

Pflanzenrezepte

Für Naschkatzen und Schleckermäulchen

Gib eine Handvoll Mädesüßblüten in Sahne und lass über Nacht das Aroma ausziehen. Die Sahne kannst du jetzt für Desserts oder deinen Kaffee verwenden. Du kannst auch Milch oder andere Lebensmittel mit Mädesüß aromatisieren.

Wer den Kalorienschock fürs Leben möchte, mischt die Sahne zu gleichen Teilen mit Nutella. Alles vorsichtig schmelzen lassen, damit es sich vermischt. Dann im Kühlschrank erkalten lassen und die Nutella-Sahne am nächsten Tag steif schlagen.

Im Gegensatz zu den Blüten sind die Mädesüßblätter nicht gerade schmackhaft, aber äußerst hilfreich bei Erkältungen. Mit einem Schuss Zitronensaft ergeben sie einen wirksamen Tee. Achtung: Der Tee ist bei einer Allergie gegen Acetylsalicylsäure (Aspirin) und für Kinder unter 12 Jahren nicht geeignet.

August – feuriger Mond

Der Regen peitscht so heftig gegen meine Fensterscheiben, dass ich kaum nach draußen sehen kann. Auch Eicheln und sogar kleine Äste schlagen mit lautem Knall auf. Wetterleuchten. Sturmböen. Der Himmel senkt sich auf die Erde herab, und im Westen zucken Blitze. Heute Morgen war ich noch in kurzen Hosen und im Top draußen. Ich hätte es wissen müssen! Mein Nachbar hatte mich gewarnt: »Wetter kommen immer aus dem Westen. Wenn der Wind dreht, komm lieber nach Hause.« Und ein Wind kann sich sehr schnell drehen! Aber so ist der August: Er polarisiert!

Der feurige Augustmond will dich lehren, mit leeren Händen ins Nichts zu springen – furchtlos! Er will Getrenntes heilen und Gegensätze vereinen. Mach dich auf was gefasst!

Eine kurze Regenpause lässt mich die dunkle Wolkenfront im Westen erkennen. Es scheint noch ungemütlicher zu werden. Die Hunde kümmert es wenig, zusammengerollt dösen sie im Körbchen. Einzig der Mops sieht mich flehend an. Was allerdings nicht am Wetter liegt, sondern ich bin heute spät dran mit dem Futter. Meine Oma sagte bei Gewitter immer: »Den Schläfer lass schlafen, den Beter lass beten, den Esser schlag tot.« Ich weiß nicht, wie dieser wenig fromme Wunsch zustande kam, aber bis heute traue ich mich nicht, bei Gewitter zu essen. Ich denke mal, für Hunde gilt das nicht, und schiebe den Vierbeinern ihre Näpfe hin.

Dann stelle ich zum Schutz noch eine weiße und eine gelbe Kerze auf. Rein physikalisch gesehen natürlich nicht nachvollziehbar. Aber das ist Magie ja ohnehin nicht. Man kann bis auf den heutigen Tag »Gewitterkerzen« kaufen, die zu Lichtmess in der Kirche extra zu diesem Zweck geweiht wurden. Meine weiße Kerze ist zwar nicht kirchlich geweiht, aber aus dem Bestand meiner Lichtmesskerzen aus dem Februar. Ich räuchere noch ein wenig mit Rainfarn, ebenfalls gewitterabwehrend, und mache mich ans Werk.

Eilig bringe ich einige mit destilliertem Wasser gefüllte Kanister nach draußen. »Blitzwasser« eignet sich für Reinigungsrituale aller Art und ist hervorragend zum Seifekochen geeignet. Mit diesen Seifen wird im wahrsten Wortsinne alles »blitzsauber«. Elixiere werden mit Trinkwasser zubereitet, also stelle ich noch eine Kiste Quellwasser dazu.

Aber da geht noch mehr. Gewitterenergie ist gewaltig. Dinge, die damit aufgeladen werden, vermögen Großes. Es ist nicht nur das elektrische Knistern, was du bei einem Gewitter spüren kannst. Schließe für einen Moment die Augen und fühle dem einmal nach. Je öfter du das tust, umso sensibler wirst du für Energien dieser Art werden.

Ich bin dieses Jahr nicht dazu gekommen, mir eine »Gewitterkiste« zu machen. Normalerweise kommen da Dinge rein, die ich mit Sturm- und Blitzenergie aufladen möchte und die dann schnell zur Hand sind. Man kann Sturmmagie für viele Zauber nutzen, zum Beispiel für Heilungs-, Schutz- und Kraftzauber, auch für Gerechtigkeitszauber, vielleicht für Geschäftserfolge, Inspirationszauber und natürlich für alle Arten der Reinigung.

In Ermangelung einer vorbereiteten Kiste nehme ich einige gelbe und weiße Kerzen, etwas getrockneten Rainfarn aus meinem Vorrat, eine Schnur und ein paar einfache Strandsteine. Der Rainfarn kommt in ein Glas, damit er nach dem Gewitter noch an Ort und Stelle ist. Bei den Steinen handelt es sich um Feuersteine, die durch ihre Feuerenergie eine starke magische Kombination mit dem Gewitter ergeben. All diese Utensilien lege ich ebenfalls in den Sturm. Damit sollte ich für alle zukünftigen Zauber gewappnet sein. Je mehr diese Dinge den Blitzen und dem Regen ausgesetzt sind, desto mehr Energie können sie aufnehmen. Natürlich sollten es Gegenstände sein, die den Aufenthalt im Freien überstehen können. Sichere sie durch Anbinden oder lege sie in eine Kiste. Wenn das Unwetter vorüber ist, hole sie wieder ins Haus und trockne sie.

Vielleicht hast du schon einen Talisman gefertigt, der Gutes – wie Glück oder Gesundheit – anzieht. Oder ein Amulett, das Böses abwehrt. Beides kannst du ebenfalls ins Gewitter legen. Ansonsten kannst du die nach dem Gewitter aufgeladenen Steine oder Schnüre zum Herstellen eines Talismans oder Amuletts verwenden.

* * *

Ein wunderschöner Regenbogen kündigt die Wiederkehr der Sonne an. Wie bereits gesagt: Der August ist ein feuriger, polarisierender

Monat. Jetzt tut dir alles gut, was »per pedes«, also mit den Füßen, geht: Tanzen, Wandern, Laufen, Fahrradfahren.

Ich schnappe meine Gummistiefel und gehe mit den Hunden raus. Meinen Sammelkorb habe ich natürlich auch dabei. Heute Abend wird noch einmal Gierschpesto meinen Speiseplan bereichern. Durch den Gewitterregen spare ich mir sogar das Waschen. Im Handumdrehen habe ich genügend Blätter für unser Abendessen zusammen. Im August ist immerhin »Frauendreißiger«: In der Zeit vom 15. August bis zum 12. September pflücken Frauen Kräutersträuße mit einer bestimmten, in der Regel ungeraden Anzahl verschiedener Kräuter, um sie danach in der Kirche weihen zu lassen. In der Mitte prangt meist eine Königskerze. Der Strauß wird dann im Haus oder im Stall aufgehängt und soll vor Krankheit und Blitzschlag schützen. Wenn eines der Kräuter im Laufe des Jahres gebraucht wird, entnimmt man es dem Strauß, um Tee oder Umschläge damit zu machen. Im Falle eines Unwetters werden blitzabwehrende Kräuter (Rainfarn, Königskerze) in den Kamin geworfen. Dieser schöne Brauch wird hauptsächlich in Süddeutschland gepflegt. Was dich nicht hindern sollte, auch dein Kräutersträußchen zu pflücken. Gutes darf sich ruhig verbreiten.

Nach einem Regen ist es nicht optimal, Kräuter für Heil- oder Ritualzwecke zu sammeln. Wildgemüse geht aber immer und Giersch sowieso. Für mein Pesto bietet sich natürlich der frische, junge Giersch an. Den kann man problemlos auch im Sommer finden, da Wegränder und Krautflächen gemäht werden und er immer frisch nachwächst. Notfalls ließe sich das Gierschpesto mit Löwenzahn strecken, der ist ebenfalls das ganze Jahr über im Jugendstadium zu finden. Immer den Rasenmähergeräuschen nach …

Ich komme mit reicher »Beute« heim und freue mich auf das Essen.

* * *

Heute kommt ein guter Freund zu Besuch, der am nächsten Tag zum Gericht muss. Er würde gern meine Hilfe in Anspruch nehmen, kann sich aber nicht zu einem Ritual durchringen. Das ist kein Problem, ein bisschen magische Hilfe kann ich ihm auch so zukommen lassen. Dafür gibt es zunächst wieder ein Gericht mit meinem geliebten Giersch (siehe Seite 91). Der lässt sich nicht verdrängen oder Einhalt gebieten. Das braucht Peter jetzt – die richtige Präsenz vor Gericht.

Hähnchenspaghetti mit Gierschpesto

4 Hähnchenbrustfilets * Sojasauce * Balsamicoessig
Spaghetti * Gierschpesto (siehe Seite 91)

Die magischen Eigenschaften der Zutaten

Spaghetti – Symbol für langes Leben
Gierschpesto – Selbstbehauptung, Abgrenzung
Hähnchen – Wächter, Warner
Sojasauce – gegen negative Energien
Balsamicoessig – Schutz

1. Die Filets in Streifen schneiden, mit Sojasauce und Balsamicoessig mischen und etwa eine Stunde marinieren. Um das magische Ziel zu unterstützen, kannst du es auf einen Zettel schreiben und unter die Glasschale mit der Marinade legen.
2. Die Spaghetti nach Packungsanleitung kochen. Solltest du »Sturmwasser« gemacht haben, gib einen Schuss davon ins Nudelwasser (aus den Trinkflaschen – bitte kein destilliertes Wasser nehmen!). Das gibt dem Ganzen noch mehr Durchsetzungskraft.
3. Nun die Hähnchenbruststreifen anbraten und mit den Nudeln und dem Pesto servieren.

Peter lässt es sich schmecken. Natürlich habe ich ihm verraten, wie ich die Nudeln gekocht habe. Er grinst. Stellt sich vor, wie er bei Gericht gut dasteht. Und genau das ist ein ganz wichtiger Punkt in der Magie. Er muss mir nicht glauben, er muss aber offen sein, es für möglich halten. Wenn er dabei den positiven Ausgang vor Augen hat, gibt das dem Zauber noch mehr Kraft. Ein weiterer Vorteil ist, dass Peter nun sogar darüber lächeln kann. Wenn Magie unter Druck gewirkt wird, hat der Zauber es schwer.

Wir beschließen die Mahlzeit mit einem guten Gläschen Wein. Peter ist entspannt, und wir kommen ins Plaudern. Dann überreiche ich ihm noch einen kleinen Beutel. Er zieht die Augenbrauen in die Höhe. Ich erkläre ihm, dass ich etwas Witwenblume, Eisenkraut und Engelwurz hineingegeben habe, auch einen kleinen Lochstein hab ich dazugelegt. Er soll das morgen bei sich tragen. Außerdem bekommt er einen dunkelgrünen Chrysolith (Prüfungen, Gerichtstermine) für die linke Hosentasche und einen Rosenquarz (Ausgeglichenheit) für die rechte.

So ausgerüstet sollte Peter bei Gericht den besten Eindruck machen.

Pflanzenrezepte

Knospensalz – Brennnesselsalz

Das Knospensalz kannst du jetzt mit Spitzwegerichsamen, Brennnesselsamen und Melde bereichern.

Es lohnt sich, mit Mut oder Handschuhen bewehrt einen ordentlichen Vorrat an Brennnesselsamen zu sammeln, die jetzt an den Stängeln hängen. Sie sind außerordentlich gesund und nahrhaft. Ob als Topping einer Hauptmahlzeit oder im Müsli, der Fantasie sind keine Grenzen gesetzt. Du kannst für viel Geld Meersalz mit Brennnesselsamen kaufen, kannst es aber auch ganz leicht selbst herstellen. Der Geschmack von Brennnesselsalz verändert sich während der Reife – eine spannende Erfahrung für deine Geschmacksknospen.

Kräuterstrauß für den Frauendreißiger

Unter anderem kommen Wermut, Kamille, Schafgarbe, Pfefferminze, Johanniskraut, Labkraut und die Königskerze in den Kräuterstrauß. Die Zusammenstellung ist Geschmackssache, doch obige Kräuter haben sich bewährt und sind in den meisten Arrangements vorhanden.

Das magische Eisenkraut

Es ist nicht ganz geklärt, woher das Eisenkraut seinen Namen hat. Da man in seinem Sud Eisen härtete, wird das oft als Grund genannt. Es sollte, wenn es am Körper getragen wird, aber auch vor Verletzungen durch Eisenwaffen schützen oder diese zumindest schnell heilen. Wer magisch kundig ist, soll es in einem Unsichtbarkeitszauber einsetzen können.

Sein anderer Name »Diplomatenkraut« weist darauf hin, dass es den Träger sympathisch machte und er sein Anliegen mit Gewicht vortragen konnte – aus diesem Grund habe ich es Peter mitgegeben.

Den Römern war es ein heiliges Kraut. Altäre wurden mit Eisenkrautbüscheln gereinigt.

Als Druidenkraut verstärkte es Zauberkräfte und half die Wahrheit zu sehen.

Wichtig: Hier ist die *Verbena officinalis* gemeint. Ein unscheinbares Kräutlein. Es hat kaum noch etwas mit den bunten Verbenen-Zuchtformen und absolut gar nichts mit der Zitronenverbene zu tun, die leider auch oft nur »Verbene« genannt wird. Da irren manchmal sogar Profis. Wenn es also bunt ist oder lecker nach Zitrone riecht, ist nicht das Zauberkraut gemeint.

September – Erntemond

Es rauscht und poltert, schüttelt und rüttelt. Der Wind führt das Spiel der Elemente an. Reißt teils noch unreifes Obst zu Boden. Lässt stachelige Kastanien aufplatzen und ihr schimmerndes braunes Innenleben hervorkullern, zur Freude der Kinder und Kräuterfrauen.

Der September bringt erste herbstliche Morgennebel und bunte Sonnentage. Der Bruttrieb der Vögel ist erloschen, viele machen sich auf den Weg in den wärmeren Süden.

Die Ernte wird eingebracht, die Gaben von Mutter Natur werden geehrt. Es wird gelagert und geordnet. Ordnung und Struktur sind ein Merkmal des Septembermondes. Dazu gehören auch Rückzug und Besinnung. Die Pflanzen ziehen sich nach der Ernte zurück, um Kraft für das nächste Jahr zu schöpfen.

Ich stehe mit geschlossenen Augen an einer dicken Balsampappel, die der erste herbstliche Sturm entwurzelt hat, und genieße die letzten warmen Sonnenstrahlen. Ein bisschen wehmütig lehne ich mich an den gestürzten Stamm und versuche den süßen, umhüllenden Duft wahrzunehmen. Im Frühjahr ist er berauschend, balsamisch, aber so spät im Jahr kaum noch zu spüren. Ich war oft hier, um eine Handvoll der wertvollen Knospen für Öl und Tinktur zu ernten. Doch der hohe, exklusive Standort direkt an der bröckelnden

Steilküste wurde der Pappel zum Verhängnis. Ihre Wurzeln fanden keinen Halt mehr.

Ich schneide ein paar Äste, in der Hoffnung, dass sie vielleicht zu bewurzeln sind, denn es gibt kaum noch Balsampappeln in Deutschland. Zumindest nicht in Norddeutschland.

Ich ziehe den Reißverschluss meiner Jacke nach oben. Allmählich wird es frostiger. Dabei schien es doch gerade noch Hochsommer zu sein. Die Leichtigkeit der warmen Tage ist verflogen, nun gilt es, die Wärme zu speichern, sich von innen zu wärmen, um gesund in die kalte Jahreszeit zu kommen.

Ich schraube meine Thermoskanne auf und nehme einen Schluck Brennnesseltee. Der wärmt nicht nur Körper und Seele, er stärkt mich und meine Durchsetzungskraft. Ja, manchmal bin ich zu nachgiebig. Das ist eine meiner Baustellen. Doch zum Glück ist gegen alles ein Kraut gewachsen.

Ich gehe weiter zu einem Steinkreis jüngeren Datums. Hier hat jemand eine Steinburg errichtet. Natürlich nicht so spektakulär, wie unsere Ahnen das konnten, aber derjenige hat ein gutes Gespür bewiesen, denn dieser kleine Steinkreis ist tatsächlich auf einem Kraftplatz errichtet. In der Mitte liegt ein flacher Stein in Herzform. Wer sich hier hinstellt, spürt die Energie wie ein leichtes, angenehmes Kribbeln.

Plötzlich ist die Luft erfüllt vom Rauschen unzähliger Flügelpaare und einem heiseren Krächzen. Direkt über meinen Kopf hinweg ziehen die Kormorane zu ihrem morgendlichen Fischfang. Kurz verdunkelt der schwarze Schwarm die Sonne, dann ist es auch schon wieder vorbei. In eleganter Flugformation lassen sich die Vögel bis kurz über die Wasseroberfläche sinken und gleiten darüber hinweg, um in Richtung der gegenüberliegenden Küste im Dunst zu verschwinden.

Ich packe meinen Rucksack, klettere den Hang hinauf und gehe durch den Wald zurück. Der September macht mich etwas wehmütig. Der Sommer ist auf dem Rückzug, die kalten Tage nahen. Gerade jetzt in der Übergangszeit müssen wir gut auf unsere Gesundheit achtgeben. Doch bevor ich meinen trüben Gedanken weiter nachhängen kann, fällt mir etwas samtig Dunkelbraunes ins Auge. Das wird doch nicht? Doch … tatsächlich. Ein Steinpilz, noch jetzt im Jahr! Ein sehr großes Exemplar und sogar madenfrei. Und er ist nicht allein.

Das ist er eben auch, der September: Er gibt die letzten Schätze des Jahres preis. Es wandern auch Vogelbeeren und Schlehen in meinen Korb, würde ich den ersten Frost abwarten, käme ich vermutlich zu spät. Ich pflücke noch Rotklee, Schafgarbe und Brennnesselsamen und mache mich auf den Heimweg.

Das Ritual im September

Das heutige Ritual ist der Gesundheit gewidmet. Auf dem Küchenaltar stehen Dinge, die das für mich symbolisieren, zum Beispiel etwas Blaues – heute ist das die Kerze –, ein Bild von mir, auf dem ich ausgelassen tanze, etwas Pfefferminze, ein Schälchen Erde, einige aufgeladene Quarze und Kräuter. »Aufladen« kann man Dinge nicht nur in Sonnen- und Mondlicht, im Sturm oder auf einem Altar, sondern auch gezielt während eines Rituals mittels Visualisierung. Dazu hältst du den Gegenstand oder die Pflanze in der Hand und stellst dir vor, wie er sich mit der von dir gewünschten Eigenschaft auflädt. In einigen vorhergehenden Ritualen – beim Osterritual und beim Ritual im Mai – habe ich das ausführlich beschrieben (siehe Seite 70 und 121).

Auf diesem Altar ruhen nun auch die Zutaten für das Essen, bis du sie brauchst, also die Eier und die Brennnesselsamen, während die Steaks erst kurz vor der Zubereitung hinzukommen.

HEILUNGSRITUAL

Du brauchst:

- Die Elementesymbole für das Basisritual (siehe Seite 45)
- Einen Lochstein
- Einen Bergkristall
- Ein blaues Stoffsäckchen – wunderbar wäre eines aus einer Mullwindel, die es inzwischen auch farbig zu kaufen gibt
- Eine blaue Kerze
- Dein magisches Küchenmesser
- Etwas Pfefferminzöl
- Je eine Prise Oregano und Piment

* Beginne mit dem Basisritual (siehe Seite 45), mit dem du die Elemente anrufst.
* Nimm die blaue Kerze und reib sie mit Pfefferminzöl ein. Ritze mit dem Messer deinen Namen in die Kerze. Entzünde die Kerze und sprich dreimal:

»Schmerz und Leid soll'n nun vergehen,
mich nicht mehr plagen.
Gesund soll ich im Leben stehen,
An allen meinen Tagen.«

* Lächle nun, und stell dir vor, wie es dir gut geht, wie du wieder aktiv werden kannst.

* Dann nimm die Steine und die Kräuter in die Hand (die Kräuter kannst du auch in etwas Papier wickeln, wenn sie zu fein und zart sind).
* Nun stell dir deinen Wunsch als Szene vor. Fühle, wie es ist, sich unbeschwert bewegen zu können. Sieh, wie du wieder Aktivitäten nachgehst, an denen dich die Krankheit gehindert hat. Spüre in dich hinein, in ein gesundes Leben. Lass das Bild so deutlich wie möglich werden. Wenn du das nicht so gut hinbekommst, dann sag einfach, was du erwartest. Etwa: »Dieser Stein soll Heilung bringen.« Wenn du für einen Dritten Magie wirkst, stell dir diese Person glücklich, beweglich und beschwerdefrei vor.
* Wenn du das Bild gut vor Augen hast oder auch nur das Gefühl – selbst der eindeutige Entschluss würde schon helfen –, dann stell dir vor, wie genau diese Heilungskraft in die Objekte in deinen Händen fließt. In die Kräuter und in die Steine.
* Lege die aufgeladenen Objekte wieder vor dir ab. Bleib einen Moment still, hol dir erneut das Bild des gesunden Menschen, dann bedanke dich beim Universum, den Elementen oder auch deinem Schöpfer und schließe das Ritual mit »So sei es«.
* Die blaue Kerze lässt du an einem sicheren Ort ausbrennen. Aus dem blauen Stoff machst du ein Badesäckchen (ein einfacher Knoten reicht, du musst keine Nähkünste anwenden), in das die Kräuter und die Steine kommen.

* * *

Du kannst das Heilungsritual auch für einen anderen Menschen durchführen, dann ritzt du den Namen der kranken Person in die Kerze und änderst den Spruch und den Ablauf entsprechend ab.

In jedem Fall bedarf ein solches Ritual eines bisschen Übung. Ich habe einmal einen Kristall mit dem Bild eines fröhlichen, tanzenden Menschen aufgeladen, bis dieser mir sagte, er könne mit dem Stein nachts kein Auge mehr zumachen. Er würde dauernd aufstehen wollen, um zu tanzen ... Wenn du also so agile Bilder hast, sollten die Steine nur tagsüber verwendet werden. Oder du visualisiert ein eher passives, gesundes Bild.

Das Badesäckchen kannst du mehrmals benutzen, die Kräuter sollten allerdings nach jedem Bad erneuert werden, weil sie auslaugen. Die Steine können auch ohne Säckchen in die Wanne kommen. Den Lochstein verwende ab jetzt nur noch für diesen Zweck. Nach einigen Anwendungen haben sich alle Steine eine Erholung (Entladung und Neuaufladung) verdient. Meist genügt es, sie für einige Zeit in der Natur zu vergraben.

Es kommt auf die Schwere der Krankheit an, wie oft du diese Heilbäder anwenden solltest. Bei ernsten Fällen nutze das ganze Programm, mit Kräuterkissen, Heilsteinwasser usw.

Dass du zuerst einen Arzt aufsuchen musst, sollte selbstverständlich sein. Unterstützen kann man eine schulmedizinische Therapie jedoch immer.

Rezept zum Ritual

Nach diesem Ritual, das je nach Krankheit auch sehr intensiv und anstrengend sein kann, solltest du dich erden. Dafür eignet sich das nachfolgende Rezept.

Kalbsrückensteak in Brennnesselsamen

4 Kalbsrückensteaks * Salz, Pfeffer
* 150 ml Kalbsfond * 2 EL Mehl
2 Eier * 3 Handvoll Brennnesselsamen
Olivenöl

Die magischen Eigenschaften der Zutaten

Brennnesselsamen – Heilung, Schutz, Lust
Kalbsrückensteaks – Erdung, Schutz
Kalbsfond – Erdung, Schutz
Mehl – Wohlstand
Eier – Heilung, Schutz
Olivenöl – Heilung, Schutz
Salz, Pfeffer – Schutz

1. Die Steaks flach klopfen, mit Salz und Pfeffer würzen.
2. Den Fond erhitzen und leicht einreduzieren.

3. Die Steaks zuerst in Mehl, dann in verquirltem Ei und zuletzt in den Brennnesselsamen wenden. Du kannst eine Heilungsrune in die Panade ritzen oder einfach »Heilung« schreiben.
4. Dann die Steaks in reichlich Olivenöl braten. Zum Servieren mit dem Kalbsfond beträufeln.

Tipp

Dazu passt wunderbar Kartoffelpüree, auf dem du die Steaks anrichtest.

Vielleicht wundert es dich, hier auch Fleischrezepte zu finden. Du hast ja sicherlich bemerkt, dass die größten magischen Qualitäten in Gemüse und Kräutern zu finden sind. Trotzdem rate ich manchmal sogar Vegetariern, eine Ausnahme zu machen. Fleisch erdet sofort. Es gibt »lichte« Menschen, die einen wirklich schlechten Bodenkontakt haben. Das macht sensibel und auch angreifbar. Ein gut geerdeter Mensch ist robuster. Natürlich sollte man bei dem Fleisch, das man isst, auf biologische und artgerechte Tierhaltung Wert legen.

Solltest du Vegetarier sein, führe nach dem Ritual eine erdende Tätigkeit aus und trinke Brennnesseltee. Vielleicht muss ja ein Pflänzchen umgetopft oder der Garten für den Winter vorbereitet werden?

Pflanzenrezepte

Rotkleetee

Jetzt im September bringt dir der Rotklee Wärme und Trost. Er hilft dir, deine Mauern abzubauen und alte Muster zu beseitigen. Rotklee wird in der Frauenheilkunde und von den Indianern auch zur Krebsbekämpfung eingesetzt.

Wenn du Rotklee bei dir trägst, wird das Glück dir folgen und der Stress zurückbleiben.

Knospensalz

Gib getrocknete Steinpilze zum Knospensalz, dann lass es reifen. Aber nichts hindert dich daran, hin und wieder davon zu naschen. Ich nutze es auch während des Jahres schon fleißig und stelle immer wieder erstaunt fest, wie der Geschmack sich ändert.

Herbst-Tagundnachtgleiche – 2. Erntefest

Die Morgensonne lacht mir entgegen, als würde sie den Sommertagen noch einmal eine Chance geben. Es ist trocken und warm, fast schon heiß. Nur die Reste des Frühnebels über dem Wasser verraten die wahre Jahreszeit. Und natürlich die Blätter. All die bunten Herbstblätter, die mir kokett vor die Füße flattern. Ich beuge mich herab und sammle ein paar schöne Exemplare für mein Herbstblätterritual.

Es sind die letzten Tage, die ich an der See verbringe. Ich lasse mir Zeit, setze mich in die Dünen und schaue auf das Wasser. Kleine anmutige Geschöpfe kommen langsam an die Oberfläche und sinken wieder herab. Wie kuglige Blüten, im pudrigen Altrosa, manchmal leicht orange angehaucht, schweben sie elegant durch das Wasser. Größere unter ihnen neigen zum feurigen Rotorange und ziehen eine königliche Schleppe hinter sich her.

Vermutlich bin ich die Einzige, die ihnen ob ihrer Anmut Bewunderung zollt. Bei den Wassertänzern handelt es sich nämlich um Feuerquallen. Die Geißel der Badegäste. Mancherorts haben sie für viel Wirbel gesorgt und es dieses Jahr sogar schon in die Zeitung geschafft. Ja, es ist wirklich unangenehm bis gemein schmerzhaft, die zarten Wesen zu berühren. Was nichts daran ändert, dass sie zauberhaft sind. Ihnen mit den Blicken durch das Wasser zu folgen kommt einer Meditation nahe. Und jetzt, im September, überlasse ich ihnen auch gern das Feld. Ich hatte meinen Badespaß.

Die ganz kleinen Quallen sind blass und kaum daumennagelgroß. Ja, und auch sie können sich schon gut wehren. Die ausgewachsenen Exemplare haben im Inneren flammenähnliche rote Strukturen und ziehen einen mehrere Meter langen Schleier aus giftigen Nesselfäden hinter sich her. Ich seufze. Sie sind wirklich schön. Auch wenn sie einem den Urlaub vermiesen können.

Neben mir eine Bewegung: Ein unvorsichtiger Sikahirsch hat mich zu spät bemerkt und ergreift erschrocken die Flucht. Etwas befremdlich für mich, Hirsche am Salzwasser zu sehen. Aber diese kleinen Einwanderer aus Asien sind gute Schwimmer und flüchten in der Not auch in das nasse Element. Vermutlich wollte das Tier hier ein paar Algen fressen, was sich bei dem Niedrigwasserstand anbietet.

Langsam kommen Wellen auf, und meine Chancen auf Sichtung eines kleinen Wales sinken rapide. Ich tue es dem Vierbeiner gleich und gehe wieder in Richtung Wald. Noch gibt es viel zu ernten. Allein mit Beeren und Hopfenblüten bekomme ich den Sammelkorb voll. Selbstverständlich muss ich auch vor dem Holunder haltmachen, zu kostbar sind seine Gaben. Ich pflücke einige der letzten Beerendolden, die dieses Mal nicht zu Saft oder Likör werden, sondern getrocknet in Hexenbeutelchen oder in einen Früchtetee kommen.

Die Herbst-Tagundnachtgleiche schenkt uns, wie ihre Schwester im Frühjahr, Ausgleich und Harmonie. Es ist eine gute Zeit, um schon etwas Bilanz zu ziehen und zu schauen, wo uns noch etwas fehlt, wo ausgeglichen werden muss. Haben wir unsere Ziele erreicht? Im Innen wie im Außen?

Das Ritual zur Herbst-Tagundnachtgleiche

Unser heutiges Ritual soll uns bei den letzten unerfüllten Dingen unterstützen, einen Schubs in die richtige Richtung geben. Die Tagundnachtgleiche ist außerdem der ideale Zeitpunkt, um den Schutz von Haus und Hof zu erneuern (siehe Mai).

RITUAL HERBSTBLÄTTERZAUBER

Du brauchst:

* Eine weiße Kerze
* Herbstblätter in verschiedenen Farben, leicht angetrocknet
* Stifte, die auf den Blättern schreiben können (Kugelschreiber, wasserfeste Filzstifte)

* Wenn ihr abends zum Feiern zusammenkommt, versammelt euch im Kreis.

* Entzünde die Kerze in eurer Mitte.
* Fühle die Energie des Erdbodens zur Zeit der Tagundnachtgleiche. Spüre die Vollendung und Zufriedenheit, die in der Erde schwingt. Lass dein Bewusstsein weiter tasten und fühle die Fülle, die Freude des Erfolgs, die durch Wurzeln und Stämme fließt. Die Natur hat ihre Ernte mit Überfülle eingebracht, den nächsten Lebenszyklus sichergestellt. Erkunde die sanfte, allmählich abebbende Bewegung der Energie im Boden und den Pflanzenwurzeln, während die Frucht- und Samenproduktion auf der Erdoberfläche endet. Spüre die Zufriedenheit, das Leben, die Lust und die Befriedigung, die Wertschätzung und das Geben, die durch die Erde ziehen.
* Überlege, was sich bei dir in diesem Jahr noch nicht richtig entwickeln konnte. Wo brauchst du noch einen kleinen Anstoß? Was muss noch fruchten? Dann wählst du ein Blatt in der entsprechenden Farbe:
    * Rot für Liebe, Beziehungen oder die Beendigung einer Krankheit
    * Purpur (blaustichiges Rot) für Heilung
    * Goldgelb für Geldangelegenheiten
    * Orange für Kraft und Energie
    * Gelb für Vertrauen, Überzeugung, Anziehung
    * Grün für Fruchtbarkeit, Glück, Erfolg
    * Braun für Schutz
* Nimm den Stift, schreibe dein Anliegen auf das Blatt und gib den Stift an deinen linken Nachbarn weiter. Roll das Blatt mit

der Schrift nach innen zusammen oder falte es. Versiegele deinen Wunsch mit einem Kuss. Wenn alle ihre Blätter vorbereitet haben, übergib dein Blatt den Flammen der weißen Kerze. Nach und nach folgen die anderen deinem Beispiel.

* Seht, wie der Rauch eure Wünsche dem Himmel entgegenträgt, und freut euch! Sollte das Blatt noch zu frisch sein und nicht richtig brennen, so ist das nicht so schlimm. Blattreste könnt ihr Mutter Erde übergeben, die daraus fruchtbaren Kompost für eure Wünsche macht.
* Bedankt euch! Jetzt könnt ihr euer Essen genießen!

Waldflammkuchen

250 g Mehl * 1 Pck. Hefe * Olivenöl
ca. 250 g Kürbis (ich nehme gern Hokkaido)
1 Bund Frühlingszwiebeln * 10–15 Bucheckern
200 g Ziegenfrischkäse * Milch * 1 Knolle Topinambur
Magere, dünne Schinkenscheiben oder Salami

Die magischen Eigenschaften der Zutaten

Bucheckern – Kreativität, Wünsche

Topinambur – Schutz

Kürbis – Heilung, Geld

Frühlingszwiebeln – Schutz, physische Kraft

1. Aus Mehl, 120 ml Wasser, Hefe und 1 EL Olivenöl einen Hefeteig zubereiten. Alles gut durchkneten, dann den Teig abgedeckt gehen lassen.
2. Inzwischen den Ofen mit Pizzastein auf 250 Grad (Umluft 220 Grad) vorheizen. Wer keinen Pizzastein hat, lässt das Backblech im Ofen mit heiß werden.
3. Den Kürbis entkernen und schälen (Hokkaido muss nicht geschält werden), dann schön dünn hobeln.
4. Die Frühlingszwiebeln schräg in dünne Ringe schneiden.
5. Die Bucheckern schälen – je nach Sammellust, schon 10–15 Stück machen sich durch pikanten Wohlgeschmack bemerkbar.

6. Den Ziegenfrischkäse mit etwas Milch glatt rühren.
7. Erst jetzt das Topinamburknöllchen säubern und ebenfalls fein hobeln (Schälen nicht unbedingt nötig), weil es sonst anläuft.
8. Den Teig auf Backpapier dünn ausrollen. Mit dem Käse bestreichen, mit dem Gemüse belegen, salzen, pfeffern und mit etwas Olivenöl beträufeln.
9. Den Flammkuchen mit dem Backpapier auf das Blech oder den Pizzastein ziehen und unter Aufsicht etwa 12–16 Minuten backen. Er soll nicht zu dunkel werden.
10. Nach dem Backen mit dem Schinken belegen.

Diese Flammkuchenvariante ist absolut köstlich. Der Kontrast zwischen dem süßlichen Kürbis und dem rauchig-würzigem Topinambur ist unheimlich lecker, aber lass den Topinambur nicht überwiegen. Ab und an so eine knackige Buchecker rundet das Ganze ab.

Den Flammkuchen kannst du auch gut in größeren Mengen zubereiten. Doch wenn du für mehrere Menschen kochst, darfst du das Essen nicht zusätzlich magisch vorbereiten, da du nicht ungefragt Magie für andere wirken kannst und vermutlich jeder ein anderes Ziel hat. Die Zutaten des Flammkuchens, besonders die Bucheckern, unterstützen mit ihren Kräften schon von sich aus die Wünsche.

Um doch noch ein wenig eigene Magie hinzuzufügen, nimmst du dein magisches Küchenmesser. Damit schneidest du dir ein schönes Stück vom fertigen Flammkuchen ab, am besten in einer Form, die deinen Wunsch unterstützt. Vielleicht rechteckig für Geld, herzförmig für ... na, du weißt schon ... oder kreisförmig für Schutz. Bei manchen Formen wäre es natürlich sinnvoll, sich erst ein Stück abzuschneiden und dann auf dem eigenen Teller kreativ zu werden. Werde nicht zu künstlerisch, sonst wird dein köstlicher Flammkuchen kalt. Gib das Messer weiter.

Dein magisches Küchenmesser kann mit Symbolen verziert sein oder schlicht neutral bleiben. Das bleibt dir überlassen. Wichtig ist nur, es nicht für andere Arbeiten zu verwenden. Da die magische Kraft in der Klinge liegt, nicht im Griff, kann es wie hier beschrieben auch von anderen benutzt werden.

Eine fröhliche Tagundnachtgleiche!

Pflanzenrezepte

Früchtetee

Holunderbeeren, Apfelschalen und Orangenschalen trocknen und eine zerkleinerte Zimtstange hinzugeben. Die Früchte sollten alle aus biologischem Anbau stammen. Übergieße 1 EL von der Mischung mit 250 ml heißem Wasser und lass das Ganze mindestens 15 Minuten ziehen. Ein wunderbarer Genuss bei unwirtlichem, nasskaltem Wetter!

Oktober – Blutmond

Im Oktober ist die Natur immer noch Gastgeber. Beeren und Pilze gibt es reichlich, und wir können die letzten Sonnenstrahlen genießen und Wärme tanken. Aber es ist auch Zeit zur Innenschau. Eine Pilgerfahrt oder auch ein »Pilgerausflug« tut jetzt gut. Ich muss dazu nicht auf den Jakobsweg, ein Ausflug zum nächsten kleinen Heiligtum oder zu einem Kraftort reicht aus. Dazu kann ich einschlägige Literatur zu Rate ziehen oder einfach die Wanderkarte der Umgebung.

Ich verzichte auf Hilfsmittel und wandere einfach los. Kraftplätze gibt es überall. Wer mit offenen Sinnen und offenem Herzen die Landschaft erkundet, wird besondere Plätze finden: eigenartig verdrehte Bäume, überwachsene Hügelgräber und stille Seen. Manche der Bäume scheinen jedem Beschnitt zu widerstehen. Sie strecken ihre ausladenden Äste schützend über Lichtungen und lauschige Plätze. Es scheint, als würden die fleißigen Forstwirte sie überhaupt nicht zur Kenntnis nehmen. Manche Baumriesen stehen an einem Platz, der energetisch mit dem Kosmos in Kontakt steht.

Du kannst so deinen eigenen Kraftort finden. Je öfter du ihn nutzt, zum Beispiel zum Meditieren oder einfach nur zum Verweilen, desto mehr Energie wird sich aufbauen. Schön ist es natürlich, wenn du

auch etwas gibst. Deinen Dank, deine Liebe. Kleine Opfergaben, Kräuter, Blumen, Salz, Tabak …

Ich habe mehrere solcher Plätze für mich entdeckt. Heute wandere ich an der Au. Zwar sind diese Wege auch den Einheimischen bekannt, aber nur wenige scheinen direkt vor der Haustür spazieren zu gehen. An mehreren Stellen kann man direkt am Wasser sitzen, ohne dass man vom Weg aus zu sehen ist. Einige Bäume wachsen nahezu waagerecht bis über die Au, mit ihren starken Wurzeln Halt am Hang suchend. Hier kann ich stundenlang verweilen, mit dem Rücken an einen Stamm gelehnt oder auf einem Stamm sitzend. So auch heute. Ich genieße den Kuss der letzten Herbstsonne. Nur allzu bald wird das trübe Wetter Einzug halten. Ich beobachte eine kleine

Herde Soayschafe, die auf der anderen Uferseite friedlich grasen. Auf den ersten Blick erscheinen sie wie zu klein geratenes Rehwild. Die Soayschafe sind eine der ursprünglichsten Rassen und brauchen nicht viel Pflege. Sie müssen nicht geschoren werden, das Fell fällt in dicken Flocken aus und wird nur abgesammelt.

Gerade will ich vom Stamm klettern, als ein großer Schatten an mir vorbeigleitet. Ein Fischreiher! Ich lehne mich wieder zurück. Diese majestätischen großen Vögel sind hier nicht wohlgelitten, die Fischer fürchten um ihren Fang. In Schleswig-Holstein ging der Reiherbestand durch Bejagung um 60 Prozent zurück.

Ich freue mich, dass dieser Reiher hier scheinbar nichts zu befürchten hat. Wenn er sein Revier weiterhin im Stiftungswald belässt, sieht es ganz gut für ihn aus. Er bemerkt mich eine ganze Weile nicht, und wir beide verharren regungslos, das Wasser beobachtend. Doch dann sieht er mich. Mit einem heiseren Schrei hebt er wieder ab. Für mich ebenfalls das Signal, mich nicht länger dem süßen Nichtstun hinzugeben. Heute will ich noch eine ganze Menge Hagebutten sammeln. Auch Schlehen werde ich ernten, die supergesund und lecker sind, ähnlich dem Holunder. Einige will ich für »Trauerspeise« trocknen (siehe Seite 239).

Da es bisher frostfrei war, wird meine Schlehen-, aber auch meine Vogelbeerenernte noch mal in den Tiefkühler müssen. Das Einfrieren nimmt den Früchten den herben, leicht bitteren Geschmack. Bei Schlehen reicht eine Nacht im Froster, Vogelbeeren dürfen gern etwas länger dort verweilen. Meine Freundin schwört auf sechs Monate, erst dann haben sie ihrer Meinung nach das feine Aroma, das ihre Marmeladen so unbeschreiblich macht. Ich hole die Beeren deutlich eher heraus, ich finde, ein Monat reicht. Aber das ist sicherlich auch Geschmackssache.

Ich hänge ein paar kleine geflochtene Kräuterkränze in die Zweige, um meinen Kraftplatz zu schmücken und mich für seine Obhut zu bedanken. Dann gieße ich noch etwas von meinem Tee an die Wurzeln und verabschiede mich. Kaum habe ich mich wenige Meter entfernt, sehe ich den Reiher wieder landen.

Das Hagebuttenpflücken ist ein wenig mühsam. Kein Vergleich mit den allgegenwärtigen und fünfmal so dicken Hagebutten an der Ostsee. Aber für meine köstliche Suppe nehme ich das gern in Kauf.

* * *

Weihnachten steht vor der Tür, bald ist Ebbe in der Geldbörse. Es wird Zeit für ein Geldritual. Der Geldzauber gehört zu den einfachsten Zaubern, vermutlich auch zu den am häufigsten angewandten. Trotzdem gelingt er bei vielen nicht. Das liegt ganz einfach daran, dass der Ausführende meist unter Druck steht, sonst würde er den Zauber nicht benötigen. Doch mit dem Gefühl »Hoffentlich klappt das auch« macht man sich den Zauber regelmäßig zunichte. Man zweifelt. Ein entspanntes Abwarten, dass der Geldfluss kommt, ist eine Einstellung beim Geldzauber, die mehr Erfolg verspricht.

Um hier mehr Vertrauen in die eigenen Fähigkeiten zu bekommen, kann man zunächst mit einfacheren Zaubern beginnen. Aber wenn der Kühlschrank leer ist, sollte es vielleicht angegangen werden.

Die mächtige Eiche vor meinem Haus lässt mir frech ein paar Eicheln auf den Kopf fallen. Das hinterlässt in mehrfacher Hinsicht einen Eindruck. Eicheln sind ebenfalls hervorragend für Geldmagie. Ich nehme zwei der Wurfgeschosse mit. Eine werde ich in der Tasche tragen, das soll die Jugendlichkeit bewahren. Ich hoffe, dass sich das nicht nur auf innere Werte bezieht. Die andere werde ich in einen grünen Topf pflanzen und diesen neben die Haustür stellen. Der Topf sollte das Höchste in der Umgebung sein, auch das ist ein Geldzauber. Der hat mir schon einmal in einer schlimmen Krise geholfen. Trotzdem wird heute Abend noch ein Ritual abgehalten.

* * *

Zuvor wird der Küchenaltar für »Wohlstand« dekoriert. Dafür eignet sich die Farbe Grün, zum Beispiel eine grüne Kerze. Aber auch grüne Steine oder ein Tigerauge unterstützen die Geldenergie. Ein Topf Basilikum macht sich ebenfalls gut in diesem Arrangement. Außerdem kannst du alles dazutun, was für dich Geld symbolisiert: einen Goldbarren (der muss nicht echt sein), ein Sparschwein oder was auch immer für dich »Geld« ist.

Sollte es um eine Bewerbung gehen, liegt diese natürlich auch hier. Reibe sie mit ein wenig Muskatnuss ein (teste, wie es am wenigsten färbt, es braucht wirklich ganz wenig; eine Prise im Umschlag oder unter der Briefmarke …). und lege sie so hin, dass sie nicht an die Kerze kommen kann. Äpfel und einige Hagebutten können hier auf ihre Zubereitung warten.

Das Ritual im Oktober

GELDRITUAL

Du brauchst:

* Eine grüne Kerze
* Einen möglichst rechteckigen Stein, so groß, dass er in die Ladenkasse passt (wenn du ein Geschäft hast), oder so klein, dass er in das Portemonnaie passt
* Einen wasserfesten Stift für den Stein, möglichst grün
* Einen grünen Stein (Aventurin, Peridot, Jade etc.)
* Basilikum
* Mineralwasser in einer Schale
* Ein kleines Tuch
* Drei Kupfermünzen (Centstücke)
* Evtl. die Elementesymbole für das Basisritual (siehe Seite 45)

Tipp

Du kannst während des Rituals gleich noch ein paar weitere grüne Kerzen und auch grüne Steine mit aufladen, um für das nächste Geldritual noch stärkere Werkzeuge parat zu haben.

* * *

Wenn sich der Schreibtisch vor unbezahlten Rechnungen biegt, stimme dich mit dem Basisritual (siehe Seite 45) ein. Wenn du nur einen kleineren Geldsegen benötigst, kannst du es weglassen und gleich mit dem Geldritual beginnen.

Das Geldritual besteht aus zwei Teilen: Zuerst lädst du Werkzeuge auf, danach kommt der eigentliche Zauber.

* Nimm die grüne Kerze in die Hand, und stelle dir vor, wie sie Geld zu dir strömen lässt. Stell dir einen Wirbel aus Scheinen vor, wie sie dir vor die Füße flattern, oder wie sich dein Kontostand langsam erhöht und deine Jackentaschen ob des strömenden Geldes immer schwerer werden. Oder sieh dich entspannt Überweisungen ausschreiben. Am wirkungsvollsten ist ein Bild, das dich zum Lächeln bringt.
* Du kannst gleichzeitig oder auch nacheinander mehrere grüne Kerzen mit diesem Bild aufladen.
* Die Kerze reibst du danach mit einem Basilikumblatt ab und stellst sie vor dich hin. Kerzen für den Vorrat legst du beiseite. Jetzt nimm den eckigen Stein und einen grünen Stein in die Hand und denke dir das Bild des zufließenden Geldes hinein. Dann lege beide vor dich hin. Steine, die du mit aufgeladen hast, legst du bitte beiseite.

Jetzt hast du deine Werkzeuge aufgeladen. Solltest du später das Ritual wiederholen wollen und noch aufgeladene Kerzen oder Steine im Vorrat haben, kannst du diesen ersten Teil überspringen.

* Wende dich wieder der Kerze zu. Entzünde sie und schau einen Moment in die Flamme. Freu dich, wie mit dem Herunterbrennen immer mehr Geld angezogen wird.
* Jetzt nimm den eckigen Stein und den Stift. Bemale ihn im Schein der Kerze. Male das Eurozeichen auf den Stein (wenn du zu dem Dollarzeichen mehr Verbindung spürst, kannst du natürlich auch das nehmen). Während du das Zeichen aufbringst, sieh im Geiste, wie du das erwünschte Geld in den Händen hältst.
* Lege dann den Stein vor der Kerze ab. Er soll hier etwa 7 Minuten in ihrem Schein liegen.
* Jetzt wende dich den Münzen zu.
* Nimm das Tuch, tupfe es in das Mineralwasser und reinige die Münzen. Hierbei stellst du dir vor, wie deine Geldprobleme einfach weggewaschen werden. Mit jedem Wisch ein Stückchen mehr.
* Dann zupfst du drei Basilikumblättchen ab, legst sie vor dich hin und legst auf jedes eine Münze. Nun sprich dreimal:

»Grünes Blatt und Kupferschein,
Lange war das Geld nicht mein,
Doch das wird nicht mehr verdrießen,
Reichlich Geld wird wieder fließen.«

* Iss die Blättchen auf. Basilikum ist eine stark geldanziehende Pflanze. Sei dir beim Verzehren dessen bewusst und freue dich. Die Münzen kommen in dein Portemonnaie. Gib sie nach Möglichkeit nicht aus. Jetzt kannst du auch den kleinen viereckigen Stein dazutun.
* Lösche die Kerzen mit feuchten Fingern und bedanke dich.
* Entzünde die Geldkerze an den nächsten Abenden für jeweils etwa 7 Minuten.

Rezept zum Ritual

Freu dich auf die Hagebuttensuppe. Sie macht dich noch »magnetischer« für den Wohlstand.

Hagebuttensuppe mit Ringelblume

450 g reife Hagebutten * 150 g Äpfel * 2 helle Brötchen
abgeriebene Schale von einer 1/2 Zitrone * 2 cm Zimtstange
1 Nelke * 100 g Zucker * 1/2 TL Speisestärke * 150 ml Rotwein
Knoblauch nach Belieben * 1–2 Scheiben Weißbrot
2 EL Butter * Ringelblumenblütenblätter

Die magischen Eigenschaften der Zutaten

Hagebutten – Heilung, Schutz, Glück
Äpfel – Heilung, Liebe, Weisheit
Zimtstange – Erfolg, Heilung, Macht, übersinnliche Fähigkeiten
Nelke – Schutz, Liebe, Geldsegen
Ringelblumenblütenblätter – Schutz, Rechtsangelegenheiten, übersinnliche Fähigkeiten

1. Blüten und Stiel von den Hagebutten entfernen und die Früchte grob zerkleinern.

2. Die Äpfel vierteln und entkernen.
3. Hagebutten, Äpfel, gewürfelte Brötchen, Zitronenschale, Zimtstange und Nelken in 1,5 l Wasser aufkochen und etwa 1 Stunde köcheln lassen.
4. Die Suppe durch ein feines Sieb passieren – die Kerne sollen zurückbleiben – und wieder in den Topf füllen.
5. Den Zucker dazugeben und alles einmal kurz aufkochen lassen. Die Stärke mit dem Rotwein anrühren und die Suppe damit binden.
6. Die Suppe abschmecken, nach Belieben etwas Knoblauch zugeben.
7. Das Weißbrot würfeln und in der Butter rösten.
8. Das Geldsüppchen mit gerösteten Brotwürfeln und Ringelblumenblütenblättern garnieren.

Pflanzenrezepte

Trauerspeise

Getrocknete Vogelbeeren und getrocknete Schlehen eignen sich als »Trauerspeise«. Sie helfen der Seele, Abschiede zu verarbeiten. Sie können pur gegessen oder auch einer Speise zugefügt werden. Ich finde sie pur genossen wirksamer.

Für Goldkehlchen und Erkältungstrotzer

Vogelbeeren werden von vielen für giftig gehalten. Das stimmt aber nur bedingt. Der unbekömmliche Stoff befindet sich nur in frischen Vogelbeeren. Beim Trocknen, Gefrieren oder Kochen wird er abgebaut, und die Beere schmeckt auch gleich lieblicher. Manche Likör- und Marmeladeliebhaber schwören darauf, sie vor dem Verarbeiten fünf Monate in der Tiefkühltruhe zu belassen.

Die Vogelbeere ist so reich an Vitamin C, dass sie sich den Beinamen »Zitrone des Nordens« verdient hat. Wer fünf getrocknete Vogelbeeren am Tag nascht, kommt wahrscheinlich ohne Erkältung durch den Winter. Ein besonderer Geheimtipp für Sänger und alle, die viel reden müssen: Die Vogelbeeren pflegen auch die Stimmbänder.

Die Vogelbeere ist ein Baum der Göttin. Du kannst ihn als Schutzbaum neben dein Haus pflanzen und Beeren, Blätter und kleine Äste für Schutz- und Heilzauber verwenden. Der Baum steigert deine magischen Fähigkeiten, zum Beispiel als Räucherwerk oder als Zauberstab.

Fertige Amulette aus seinen Zweigen, die dich auf Reisen schützen, oder Talismane, die deine Macht steigern.

SAMHAIN BIS IMBOLC

Zeit der Dunkelheit und des Kräftesammelns

Die Erntezeit ist mit Samhain vorüber, der Winter hält Einzug in die Natur. Nachdem Mittwinter gefeiert wurde, schließt sich der Jahreskreis mit der Wiederkehr des Lichts zu Imbolc Ende Januar.

Samhain, die Nacht vom 31. Oktober zum 01. November, ist unser letztes Erntefest. Ab jetzt wird nicht mehr geerntet. Was noch auf Bäumen oder Feldern ist, wird den Naturgeistern überlassen.

Die Natur läutet den Winter mit den fallenden Nadeln der Lärche ein. Sie zieht sich zurück. Auch die Stieleiche ist eine Zeigerpflanze für den Winterbeginn: Oft können wir schon Mitte November beobachten, wie sie ihr Laub abwirft.

Wir Menschen verbinden den ersten Schneefall mit dem Winter, aber die Natur legt sich schon viel früher zur Ruhe. Auch eventuell auftretende Wärmeperioden können sie jetzt nicht mehr wecken. Sie schläft und bereitet sich vor. Bis zur Wiederkehr des Lichtes, dessen Ankündigung wir mit den Mittwinterfeierlichkeiten zelebrieren und dessen Erscheinen mit Imbolc (Lichtmess) gewürdigt wird. So schließt sich der Jahreskreis.

* * *

Lautlos überdeckt der Winter die schlafende Landschaft mit einer schmeichelnden weißen Decke. Die abgerundeten Konturen laden zum Entschleunigen ein. Es ist klirrend kalt, jeder Schritt knirscht, und mein Atem wird in kleinen Wölkchen sichtbar. Die Sonne lässt die Schneekristalle funkeln, und die Luft ist frisch, klar und sauber. Die ganze Welt scheint sich herausgeputzt zu haben. Kaum wage ich es, einen ersten Schritt in den jungfräulichen Schnee zu setzen. Doch dann kommen mir die Schulkinder zuvor. Stürmen laut jubelnd aus dem Schulwald, hinaus aufs freie Feld, werfen Schneebälle und lassen sich in das watteweiche Weiß fallen, um mit ausgebreiteten Armen Engel in den Schnee zu malen.

Ja, es ist Winter. Er entschädigt uns für die trüben, nassen Tage der letzten Wochen. Drängt uns sanft dazu, alles Figurformende im Kleiderschrank zu lassen und uns in kuschelig weiche Kleidung zu hüllen. Wir rücken näher zusammen.

Der Winter entwirft eine völlig neue Umgebung. Akzentuiert Unscheinbares, verdeckt Dominierendes. Er schenkt uns andere Perspektiven. Bäume und Sträucher werden zu majestätischen Skulpturen, und die abgestorbenen, welken Pflanzen, die wir beim letzten Herbstputz vergessen haben, mutieren zu exotischen Gebilden mit ganz eigenem Reiz.

Die tiefstehende Sonne wirft lange scharfe Schatten, die in einem harten Kontrast zur Landschaft stehen. Eine Herausforderung für Künstler, die die Stimmung festhalten wollen.

Doch ich will nichts festhalten. Ich werde es der Natur gleichtun und mich ein wenig zurückziehen. Zu mir selbst. Der Winter fordert zu einer Ruhepause auf, zum Entspannen, Träumen, Abschalten und Kräftesammeln.

Winterrituale dienen meist der Innenschau und Bewusstwerdung.

»Der herannahende Winter hat immer etwas **Geistiges** *an sich.*
Man zieht sich in seinen **innersten Bau** *zurück.*
Und lagert sich um ein bisschen Glut, das man hier vorfindet.
Die letzte Wärmereserve, ein Teilchen vor der ewigen.
Ein Körnchen davon genügt für ein **Menschenleben***.«*

Paul Klee

Samhain – Allerheiligen

Zu Samhain (sprich: ßau-en), der Nacht zum 1. November, wird die dunkle Seite der Mondin gefeiert. Es ist der wichtigste Hexenfeiertag. Samhain markiert den Beginn der dunklen Jahreszeit, die Vegetation ruht. Jetzt werden auch die Ahnenfeste begangen, die an unsere Verstorbenen erinnern. Viele Hexen feiern heute ins »Hexenneujahr«. Das mag modernen Menschen seltsam erscheinen, aber wer aufmerksam durch die Natur geht, sieht, dass die Knospen der Bäume und Sträucher bereits startbereit sind. Sie warten nur noch auf die Wiederkehr des Lichtes. In den Alpenländern werden zu dieser Zeit für die Percht süße Speisen vor die Haustür gestellt. Percht, die alte Göttin, die im Märchen auch Frau Holle genannt wird.

Es ist die Zeit, in der die Welten aneinanderstoßen. Die Schleier zwischen der menschlichen und der geistigen Welt sind sehr dünn. Alles ist möglich. Die Erde hält die Totengeister nicht länger fest, die Grenzen zwischen dem Geist und dem Physischen verschwimmen. Geister können auf der Erde wandeln. Darum werden sie und ihre Gräber in die Kultur und Feier dieses Sabbats eingebunden. Wir gedenken unserer Ahnen und danken ihnen. Wir können sie auch um Schutz und Führung bitten.

* * *

Ich bin unterwegs zu »Höherem«. An Samhain möchte ich mir einen Überblick über mein Leben verschaffen, dazu suche ich einen Aussichtspunkt. Optimal wäre natürlich ein Berggipfel, das ist in Schleswig-Holstein allerdings ein aussichtsloses Unterfangen. Der Bungsberg, unsere höchste Erhebung, bringt es gerade so auf 168 Meter und ringt damit einem Mittel- oder Süddeutschen vielleicht noch die Bezeichnung »Hügel« ab.

Mich zieht es heute zur Grünentaler Hochbrücke. Das ist eine der vielen Brücken, die den Nord-Ostsee-Kanal überspannen. Sie bringt es auf 42 Meter über dem Wasserspiegel, punktet aber mit einem spektakulären Panorama. Neben der neuen Brücke ist noch die Rampe der alten erhalten, die heute als Aussichtspunkt dient. Um diese Zeit im Jahr trifft man kaum noch auf Touristen, also bin ich ungestört.

Noch kann ich das Panorama nicht gänzlich genießen, die Morgennebel liegen über dem Wasser und verbergen die Bäume des Ufers. Das ist mir ganz recht. Ich lasse meinen Blick über die Konturen der Landschaft schweifen, die durch das dunstige Grau oft nur zu erahnen sind. Ahnen … im wahrsten Doppelwortsinn das Thema zu Samhain, Halloween, dem Abend vor Allerheiligen. Ich ehre meine Ahnen, und ich wage einen Blick in die Zukunft, versuche zu er»ahnen«, was kommt. Welche Wahrsagemethode man benutzt, ist letztlich egal. Es sind nur Werkzeuge. Das Wissen liegt in jedem von uns. So schaue ich weiter, ohne dabei ein bestimmtes Ziel vor Augen zu haben. Die zufälligen Muster, die sich im unfokussierten Schauen offenbaren, erleichtern es meinem Bewusstsein, die Kontrolle abzugeben, loszulassen und so meinem Unbewussten die Chance zu geben, mir leise ins Ohr zu flüstern. Es dauert auch nicht lange, bis die ersten Eindrücke kommen. Jetzt ist es wichtig, nicht zu werten, nicht nachzuhaken, es einfach fließen zu lassen.

Dann versiegt der Gedankenstrom. Gleichzeitig lichten sich die Nebel. Die Sonne taucht aus dem Dunst hervor, als wolle sie mich daran erinnern, dass sie immer da ist, auch wenn die Tage trüb erscheinen.

Ich mache mir einige Notizen. Vieles, was mir durch den Kopf gegangen ist, ergibt noch keinen Sinn. Doch der wird kommen.

Für den Rückweg wähle ich einen Trampelpfad. Eine Kräuterhexe ist nun mal eine Kräuterhexe und kann keine Gelegenheit ungenutzt verstreichen lassen. Das nutzt eine Pflanzenschwester aus, um einmal kräftig nachzuhaken. Es pikst. Ich schaue an meinem Bein herunter und sehe viele kleine Kletten. Das habe ich nun davon. Ich freue mich. Die anhänglichen Samenkugeln kommen in eine meiner Sammeltüten, die ich immer bei mir habe. Halbwegs aufgerichtet, mache ich einen unbedachten Schritt vorwärts, und schon ist es passiert: Ich rutsche aus, verliere das Gleichgewicht, stolpere noch drei Schritte nach vorn, falle auf meinen Allerwertesten und mache eine unsanfte Rutschpartie hangabwärts. Autsch! Ich greife nach dem nächstbesten Ast, um mich zu bremsen, er – der Klügere – gibt sofort nach, und gefühlte zehn Minuten später sitze ich am Rand des eigentlichen Weges. Ich sehe aus wie ein Wegelagerer, mit dreckiger Hose und offenem Hemd. Der Dreck hat sich im Schritt meiner Jeans festgesetzt, als hätte ich gerade versucht, ein Wildschwein zu reiten.

Mühsam rappele ich mich hoch und stoße einen Fluch aus. Immer noch den Ast in der rechten Hand, klopfe ich die Kleidung ab. Ich musste ja auch abseits des Weges laufen!

Nach dem ersten Ärger kommt die Erleichterung. Offenbar ist die einzige Leidtragende meine Hose, ich selbst habe nichts abbekommen. Dann werde ich des Astes gewahr, den ich immer noch krampfhaft in der Hand halte: Ein Lächeln schleicht sich auf mein Gesicht. Eine Erle – die dunkle Schwester der Birke. Sollte der Erlkönig mich gefoppt haben?

Als Hüterin der Moore und Auwälder war die Erle bei unseren Vorfahren nicht wohlgelitten. Die düsteren Erlenbrüche mit den knorrig verwachsenen Hexenbäumen wurden von jeher gemieden. Mancherorts glaubte man, es mache wahnsinnig, wenn man von einem Erlenzweig am Kopf berührt werde.

Ich mag die Erle. Den Zweig nehme ich mit. Heute Abend im Ritual werde ich Verwendung für ihn haben.

Zu Hause ist schon alles wunderbar gruselig geschmückt. Die Kinder haben Spaß an diesem uralten, wenn auch nicht christlichem Brauch. In druidischen Traditionen wurden Gebete und Opfergaben für die Toten und das kleine Volk (die Feen oder Sidhe) vor den Haustüren und Altären gelassen. Das Verteilen von Süßigkeiten ist eine relativ neue Sitte, vermutlich ist sie aus einem alten walisischen Brauch entstanden. Um die Ahnengeister positiv zu stimmen, wurden ihnen Lebensmittel vor die Tür gestellt. Arme Menschen konnten sich das oft nicht leisten und baten daher um Speise. Der genaue Ursprung ist aber nicht wichtig,

es hindert uns nichts daran, neue Traditionen zu pflegen. Den Kindern macht es einen riesigen Spaß, und sie sitzen einmal nicht am Computer.

* * *

Wir erwarten heute viele kleine Geister. Für das Ritual werden wir uns erst sehr spät Zeit nehmen können. Dieser Tag – Samhain, Halloween, Allerheiligen – ist ideal, um einen Blick in die Zukunft zu werfen. Dafür sind verschiedene Systeme geeignet, zum Beispiel Runen oder Karten … Du hast die Wahl. Versuche zunächst hineinzuspüren und nimm erst später etwaige Fachbücher zu Hilfe. Ja, es gibt sogar das Gummibärchen-Orakel und keinen Grund dafür, dass es nicht funktionieren sollte!

Denk aber immer daran, alles braucht Übung. Auch die Interpretation. Und keine Zukunft ist endgültig. Die Zeit fließt. Du siehst die wahrscheinlichste aller Möglichkeiten und kannst jederzeit dein Schicksal ändern.

Am frühen Abend hole ich meine Tarot-Karten für »Intuitiv-Tarot« hervor. Dazu können auch mehrere Decks einfach zusammengemischt werden. Wenn du überhaupt keine Ahnung von Tarot hast, ist das in diesem Fall sogar von Vorteil. Denn bei »Intuitiv-Tarot« zählen die gängigen Deutungen nicht.

Wenn ihr es euch gemütlich gemacht habt, legt die Karten durcheinander auf dem Tisch aus, mit dem Rücken nach oben. Jeder stellt eine Frage und zieht danach eine Karte. Er interpretiert das gezogene Bild nach Gefühl. Das ist wichtig! Wenn dir bei dem Bild so gar nichts einfällt, dann achte darauf, welches Gefühl es verursacht. Unbehagen? Zuversicht? Die Mitspieler können danach ebenfalls ihre Eindrücke zum Besten geben. Sollte eine erfahrene Tarotleserin dabei sein, muss sie sich ein bisschen bremsen. Hier ist nicht die klassische Interpretation gefragt.

Wenn der gesellige Teil vorbei ist und alle kleinen Nachbarschaftsgeister ihren süßen Obolus abgeholt haben, kannst du das Ahnenritual abhalten. Es ist einfach gestaltet, aber nicht so einfach abzuhalten, denn es wird in absoluter Stille durchgeführt. Das liegt nicht jedem, daher findet das Ritual oft nur im engsten Kreis und spätnachts statt.

Der Küchenaltar und, wenn vorhanden, auch der normale Hausaltar sind thematisch auf dieses dritte und letzte Erntefest ausgerichtet, mit Gemüsen und Kürbissen, Äpfeln, vielleicht auch den letzten Getreidegarben. Wer ein Ahnenritual vorbereitet, könnte auch einen Schädel dekorieren, im Sinne von »memento mori« – gedenke des Todes. Mit Kindern fände ich das jedoch zu düster. Da nehme ich den Schädel doch lieber für gruslige und nicht so ernst gemeinte Halloweendeko.

Rezept zum Ritual

Zunächst bereitest du das Essen vor. Es ist ganz einfach, gart nahezu nebenbei, bietet einen wunderbaren Mix aus magischen Eigenschaften und ist äußerst schmackhaft.

Die Gemüseauswahl unterstützt die Magie in allen Richtungen, ein gesondertes Aufladen auf dem Altar ist nicht nötig. Heute, wo die Welten aneinanderstoßen, ist vor allem Schutz wichtig, was bei der Mischung gegeben ist. Du kannst natürlich auch Gemüse nach deinem Geschmack austauschen.

Herbstliches Ofengemüse

500 g Kürbis * 250 g Möhren * 250 g Pastinaken
250 g Petersilienwurzeln * 3 Rote Bete * 2 Stangen Porree
2 Gemüsezwiebeln * 3 Knoblauchzehen
7 Zweige Thymian * 2 Zweige Rosmarin
1/2 getrocknete Chilischote * 1 EL Korianderkörner
Salz, Pfeffer * 6 EL Olivenöl
100 ml Weißwein (oder Orangensaft)
150 ml Gemüsebrühe

Die magischen Eigenschaften der Zutaten

Kürbis – Fruchtbarkeit, Heilung, Geld
Möhren – Erdung, Sex
Thymian – Übersinnliche Fähigkeiten, Mut
Olivenöl – Frieden
Rote Bete – Liebe, Schönheit
Porree – Physische Stärke
Rosmarin – Intellektuelle Fähigkeiten, Austreibung, Jugendlichkeit
Gemüsezwiebeln – Schutz
Chilischote – Schutz
Petersilienwurzel – Lust, Schutz
Korianderkörner – Liebe, Gesundheit, Heilung

1. Den Backofen auf 200 Grad Umluft vorheizen.
2. Den Kürbis entkernen und schälen, das Kürbisfleisch in 5 cm große Stücke schneiden.
3. Möhren, Pastinaken, Petersilienwurzeln und Rote Bete schälen und in mundgerechte Stücke schneiden.
4. Den Porree in 4 cm dicke Ringe schneiden.
5. Die Zwiebeln abziehen und in 2 cm breite Spalten schneiden. Knoblauch schälen.
6. Die Kräuter in Stücke zupfen, Chili und Koriander grob anmörsern.
7. Alles auf einem tiefen Backblech verteilen, salzen, pfeffern und mit Olivenöl beträufeln. Das Gemüse 10–15 Minuten im Ofen garen.
8. Wein und Brühe angießen, alles gut durchrühren, das Gemüse mit Backpapier abdecken und weitere 30 Minuten garen lassen.
9. Danach das Papier abnehmen, noch einmal umrühren und das Gemüse offen 10–20 Minuten bräunen lassen. Achte darauf, ob du vielleicht noch etwas Brühe nachgießen musst. Das Gemüse sollte saftig bleiben.

Tipp

Dazu passt Polenta.

Das Ritual zu Samhain

Während das Gemüse gart, bereitest du das Ahnenritual vor. Sobald das Gemüse fertig ist, kannst du mit dem Ritual beginnen. Es handelt sich dabei um ein stilles Essen.

AHNENRITUAL

Du brauchst:

* Einen gedeckten Tisch
* Wenn du möchtest, Fotos deiner Verstorbenen
* Als Räucherwerk bieten sich Fichte oder Tanne an, das stärkt uns; ich verwende außerdem Teile der Erle, die mich in die Tiefe bringt.
* Räuchern erfordert eine gewisse Aufmerksamkeit, daher kannst du auch ein Aromaöl in einem Duftstövchen verwenden – oder gänzlich darauf verzichten.

* Sobald du den Tisch deckst, setzt die Stille ein. Es wird kein Wort mehr gesprochen. Lege für jeden Verstorbenen, dessen du besonders gedenken willst, ein zusätzliches Gedeck auf. Solltest du viele liebe Menschen verloren haben, beschränkst du dich vielleicht auf die des letzten Jahres.
* Serviere das Essen, gib auch etwas auf die Ahnenteller und setz dich auf deinen Platz.

* Iss schweigend. Beende das Mahl ebenfalls schweigend. Geleite Gäste stumm zur Tür und gehe stumm zu Bett.

Dieses Ritual hört sich vielleicht sehr einfach an, hat aber eine tiefgreifende Wirkung. Es ist wie mit dem Gemälde eines Meisters – ich kann es dir nicht erklären, du musst es selbst gesehen und erlebt haben.

In der Nacht wirst du Kontakt zu deinen Ahnen haben. Leg auf alle Fälle Schreibzeug bereit. Wer nicht geübt ist, wird vermutlich zunächst über seine Träume Zugang finden. Die geistige Welt will dich nicht verschrecken, hab keine Angst! Du hast deine Vorfahren geehrt und keine Geister beschworen.

Am nächsten Tag stellst du die Reste der Ahnenmahlzeit für die Tiere nach draußen.

Pflanzenrezepte

Klettenköpfchen

Klettenköpfchen trocknen lassen, die Samen ausschütteln und als Topping (zum Beispiel im Müsli) verwenden. Die Klette erinnert dich an das, woran du wirklich »hängen« solltest.

Kastanien

Wenn du noch Kastanien hast, kannst du sie schälen und das helle Innere pulverisieren und trocknen.

Wird das Pulver in Wasser aufgelöst, ergibt das eine schonende Waschlauge für empfindliche Stoffe.

Sind die Kastanien schon zu trocken, was das Schälen sehr schwer machen würde, stelle sie in einem Korb unter dein Bett, sie schwächen die Erdstrahlen. Wechsle sie im nächsten Jahr aus.

November – Schneemond

Raureifgeglitzer an Ästen und Blättern. Winzig kleine, weiße Eiskristalle funkeln auf den Pflanzen und überziehen den Boden mit leichtem Schleier. Der Raureif ist ein wertvoller Schutz für die »schlafenden« Knospen.

Die Sonne erscheint über den Baumkronen und lässt die ersten zarten Gebilde erglühen. Nur noch kurz werden sie das Auge erfreuen, dann zu kleinen klaren Tropfen zusammenschmelzen und im Erdreich verschwinden. Wer diese kleinen Schmuckstücke zuvor in einer Phiole auffangen kann, hat ein wertvolles Elixier. Besonders dann, wenn sie von einer Knospe abschmelzen.

Doch das habe ich heute nicht vor. Der kleine Vorgeschmack auf die kalte Jahreszeit hindert mich nicht daran, ein paar Früchte zu pflücken. Ich habe ein Plätzchen entdeckt, wo noch dicke Schlehen hängen.

Der Schwarzdorn, wie die Schlehe auch genannt wird, steht in sonniger Lage, meist an Waldrändern. Die Zweige stehen fast rechtwinklig ab und tragen einen scharfen Enddorn.

Der Schlehdorn trennt die Welten, beschreibt eine Schwelle. Die Schlehe und der Hagedorn (Weißdorn) bilden den Hag, die Hecke, auf der die Hagezusse (Hexe) reitet. Den schmalen Grat zwischen den Welten.

Es ist nicht einfach, an die prallen blauen Kraftpakete zu kommen. Der Schwarzdorn ist eine starke Hexenpflanze, wehrhaft und schützend. In weiser Voraussicht habe ich eine Gartenschere eingepackt und schneide drei Äste ab. So komme ich auch besser an den Rest. Trotzdem ist es ratsam, mit Handschuhen zu pflücken. Bald habe ich ein Pfund zusammen. Die Schlehen sind groß dieses Jahr.

Ich wähle den Rückweg durch den Schulwald. Dabei komme ich an einigen noch recht ansehnlichen Farnwedeln vorbei. Sie sind nicht mehr so appetitlich grün, aber werden trotzdem ihren Dienst tun: Erdstrahlen abschirmen.

Irgendetwas ist vor mir ins Gras geflüchtet. Ich komme vorsichtig näher. Ein Igel? Nein, nicht zu dieser Zeit … Da springt es auch schon auf und rennt. Ich traue meinen Augen nicht: ein Rebhuhn! Während meiner Kindheit waren diese kleinen Hühnervögel noch reichlich vertreten, inzwischen stehen sie auf der Roten Liste. Es tut mir leid, dass ich es erschreckt habe, und ich drehe um. Hier ist nicht der optimale Lebensraum für das Rebhuhn, die immer größer werdenden Maisfelder bieten weder Futter noch optimale Deckung. Aber dieses hier hat es ja irgendwie geschafft, das lässt hoffen.

Wäre ich nicht umgedreht, hätte ich ihn nicht gesehen: den Baum mit Ohren. Mit Judasohren, um genau zu sein. Dieser Vitalpilz wächst am liebsten auf Holunder. Ich pflücke ein paar. Er ist weit verbreitet, und vor allem derjenige, der gern mal chinesisch essen geht, kennt seinen ostasiatischen Verwandten, den Mu-Err. Er ist meist schwarz, da er getrocknet wurde, und hat eine gewöhnungsbedürftige Konsistenz. Aber gesund sind beide!

Ich raffe meine Beutel zusammen und freu mich. Für November war mein Ausflug doch sehr einträglich.

* * *

Zu Hause hänge ich einen von den Früchten befreiten Schlehenzweig über den Hauseingang. Schlehe soll Dämonen und Katastrophen abwehren. Ich gehe mal davon aus, dass Ersteres in meinem Haushalt nicht nötig ist, bisher hatte ich jedenfalls keinen Ärger in der Richtung. Ich spiele aber auch nicht leichtsinnig mit Kräften, von denen ich nichts verstehe. Aber einen Schutz gegen Katastrophen zu haben ist doch nicht schlecht. Zumindest beruhigt der Gedanke.

Aus dem Schwarzdorn werden auch Wünschelruten und Zauberstäbe gemacht, und in der anthroposophischen Medizin ist die Schlehe ein Mittel, das »einen blauen Mantel« um einen Menschen schlägt (gemeint ist der schützende Marienmantel). Es gibt also mehrere Richtungen, die der Schlehe eine starke schützende Wirkung zuschreiben. Warum also nicht nutzen?

Als Blütenessenz gibt die Schlehe dir den Mut loszulassen, hilft dir, dich zu befreien. Wenn du dich machtlos, ängstlich oder zornig fühlst, versuche also die Schlehe.

Aber Blütenessenzen sind nicht der einzige Weg, das energetische Potenzial aus einer Pflanze zu holen. Man kann ebenso gut »blonde« Kräutertees brühen. Dazu nimmt man so viel Kraut, wie man mit drei Fingern aufnehmen kann, und überbrüht dieses mit kochendem Wasser. Wichtig jetzt: nur 30 Sekunden ziehen lassen. Das ist »blond«.

Diese Tees wirken mehr im energetischen Bereich als mit ihren Wirkstoffen. Auch im Ritual arbeiten wir mit den feinstofflichen Eigenschaften der Pflanzen.

Wunderbar und einfach um diese Jahreszeit: das von den Knospen tropfende Tauwasser des Raureifs. Vergiss nicht, diese hochenergetischen Tropfen mit Alkohol haltbar zu machen: Mische das Raureifwasser im Verhältnis 1:1 mit 40%igem Alkohol und gib die Essenz in ein Pipettenfläschchen. Gib drei Tropfen so einer Raureifessenz in eine Tasse Kräutertee.

* * *

November ist die Zeit der Besinnung. Die Natur ruht und sammelt Kräfte. Das kannst du auch tun. Stärke dich mit heimischem Obst und Gemüse, vor allem mit Äpfeln. Auch alle über das Jahr gesammelten Samen, wie Klette, Brennnessel und Wegerich passen jetzt in deinen Speiseplan. Der November eignet sich gut für Erdrituale.

Doch nicht jeder fühlt sich geborgen in der grauen Stille des Novembers. Mit der Ruhe kommen möglicherweise auch belastende Gedanken. Wenn du meinst, es geht einfach nicht mehr, weil der Novembernebel deine Tage noch dunkler macht und du dir am liebsten eine Decke über den Kopf ziehen möchtest, nimm ein aufbauendes Minze-Bad. Übergieße 3 Handvoll Pfefferminzblätter mit 1 l kochendem Wasser und lasse das Ganze 10 Minuten ziehen. Lasse dir ein Bad ein. Stelle einige Kerzen auf, lege entspannende Musik auf, wenn du magst. Trommelsteine von Rosenquarz, Bergkristall oder

Amethyst unterstützen das aufbauende Bad. Leg sie einfach in die Wanne. Solltest du eventuell sogar einen Rauchquarz oder Rutilquarz haben, wäre das perfekt.

Gib dann deinen abgeseihten »Badetee« ins Badewasser. Bade für etwa 10 Minuten, entspanne dich. Fühle die warme Umarmung des Wasserelementes, sieh die kleinen Kerzenlichter, die auch eine dunkle Umgebung heimelig machen.

Du liegst im Wasser. Wasser ist ein Informationsträger. Es kann, ähnlich wie in der Homöopathie, jede Information an dich weitergeben. Essenzen, Zaubertränke, Bachblüten, jedes energetische Mittel, in das Wasser gegeben, entfaltet beim Baden seine Wirkung. Auch wenn du nach Emoto (siehe Seite 64) etwas Positives aufschreibst und mit ins Badewasser legst, wirkt es auf dich. Dazu könntest du einen wasserfesten Stift nehmen und einen normalen Kieselstein beschriften. Wenn dir das jetzt zu viel Kleinkram in der Wanne wird: Du kannst alle Zutaten auch in eine Wasserkaraffe geben und dort eine Weile wirken lassen. Dann gibst du das Wasser zum Badewasser. Oder du füllst alles in einen kleinen Stoffbeutel, den du ins Wasser hängst.

Nach dem Bad dusche dich kalt ab. Zieh dich an und bewege dich ein bisschen. Nicht gleich hinsetzen!

Du wirst dich wunderbar fühlen!

Solltest du trotz des kleinen Baderituals nicht aus dem seelischen Tief kommen, und wenn die grauen Tage dir sehr zu schaffen machen, hilft dir das folgende Ritual. Bitte führe es nicht durch, wenn du ernsthaft seelisch erkrankt bist. Dann gehörst du zunächst in die Hand eines Therapeuten.

Das Ritual im November

Für das Ritual im November brauchst du unter anderem einen magischen Spiegel. Diesen bereitest du wie folgt vor:

Einen magischen Spiegel vorbereiten

Ein magisches Werkzeug ist kraftvoller, wenn es speziell für diesen Zweck »geweiht« bzw. vorbereitet wurde. Um einen Spiegel magisch

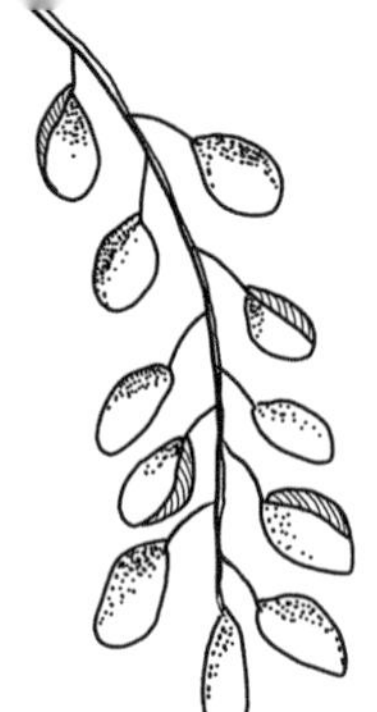

aufzuladen, brauchst du nur drei Dinge: einen möglichst neuen runden Spiegel (der trägt keine Altlasten), Wasser, in das der Spiegel getaucht werden muss – gut wäre ein Fluss oder das Meer, ein mit Wasser gefüllter Behälter tut es aber auch –, sowie Mondlicht, optimal wäre Vollmond.

Nimm den Spiegel und begib dich ans Wasser, ob es nun in der Natur oder vor einem Behältnis in deiner Wohnung ist.

Tauche den Spiegel ganz in das Wasser und sprich: »*Altes und Schlechtes wasche ich fort!*«

Zieh ihn wieder heraus und ergänze: »*Rein sei der Spiegel, auch durch mein Wort!*«

Tu das 13-mal.

Halte den Spiegel dann in das Mondlicht. Stelle dir vor, wie er dieses aufsaugt und speichert. Verweile einige Augenblicke so, dann nimm den Spiegel wieder an dich, trockne ihn und sprich: »*Ein magisches Werkzeug bist du nun, um im Ritual deine Arbeit zu tun.*«

Verwahre den Spiegel in einem weißen Tuch. Wenn du ihn auch für Zukunftsschauen nutzen willst, solltest du ihn mehrfach im Vollmondlicht aufladen.

RITUAL GEGEN SEELENWOLKEN

Du brauchst:

* Die Elementesymbole für das Basisritual (siehe Seite 45)
* Einen runden magischen Spiegel (siehe Seite 264)
* Ein Foto von dir, auf dem es dir richtig gut geht und du gute Laune hast
* Eine weiße Kerze
* Eine Räuchermischung »Schutzengel«, die sich folgendermaßen zusammensetzt:
  * Ein paar Krümel Weihrauch
  * 0,5 Teile Bernsteinsplitter
  * 2 Teile Engelwurz (Wurzel oder Samen)
  * 2 Teile Beifuß
  * 2 Teile Kiefernharz (Burgunderharz)
  * 3,5 Teile Wacholdernadeln

Das sind ungefähre Angaben. Wenn du nicht alles zusammenbekommst, ist das nicht so tragisch. Bernstein räuchert stark, pulverisiere ihn etwas oder lege ihn oben auf die Kräuter. Am besten nicht zu heiß werden lassen.

Diese Mischung ist hilfreich bei Schicksalsschlägen oder vor Herausforderungen. Verräuchere sie nach Sonnenuntergang.

* Beginne mit dem Ritual nach Sonnenuntergang. Stelle die Elementesymbole auf. Stelle den magischen Spiegel vor dir in die

Mitte, dahinter oder daneben stellst du noch die weiße Kerze. Das Foto arrangierst du so, dass es sich hinter dir befindet, aber im Spiegel zu sehen ist.

* Stimm dich mit dem Basisritual ein (siehe Seite 45).
* Danach entzünde die weiße Kerze und das Räucherwerk.
* Sieh, wie das Foto im Spiegel reflektiert. Denke dabei an die Tage, an denen du so glücklich warst. Versuche das Gefühl von damals wieder hervorzurufen. Konzentriere dich, bleibe bei dem Bild, auch wenn deine jetzige Situation nicht so ist und du vielleicht lieber schimpfen oder weinen möchtest. Vertiefe dich in das Bild und in die Gefühle von damals.
* Bleibe mindestens fünf Minuten dabei. Dann rück ein wenig zur Seite, sodass du jetzt dich im Spiegel sehen kannst.
* Du sitzt zwischen Spiegel und Foto, die beide das Glück zu dir fließen lassen. Spüre es, fühle es. Vielleicht erst ein kleines Kribbeln im Bauch, ein Lächeln, das sich auf dein Gesicht schleicht. Lass es zu. Gib dem Glück die Chance, dich zu finden, und bleib beharrlich eine ganze Weile so sitzen. Bis zum ersten Lächeln. Vielleicht schaffst du sogar ein lautes beherztes Lachen. Lass es zu. Dann bedanke dich und lösche die Kerze.

Sollte das Ritual dir wider Erwarten kein Lächeln ins Gesicht gezaubert haben, weil du immer noch tiefe Traurigkeit spürst, kannst du zusätzlich die auf den Seiten 271 bis 273 angefügten Kräuter und Bachblüten anwenden. Bessert sich dein Zustand nicht, denk über therapeutische Hilfe nach.

Rezept zum Ritual

Jetzt gibt es Blinis mit Lachs. Die hast du dir redlich verdient! Besonders die Meerrettichsahne lege ich dir ans Herz, Meerrettich ist ebenfalls ein starker Schützer, er kann sogar Flüche brechen. Auf dem Küchenaltar habe ich heute nichts vorbereitet, das war nicht nötig. Ich decke den Tisch herbstlich, dekoriere mit Kerzen, kleinen Fluoriten und ein paar Schlehenzweigen. So ist die gute Schwingung mitten unter uns. Wenn du ein besonderes Thema mit in den Lachs bringen willst, mariniere ihn in einer Glasschale, unter die du einen Zettel mit der gewünschten Stärke legst. Heute vielleicht: Glück, Zuversicht, Mut, Vertrauen oder etwas in der Art.

Kartoffelblinis mit Lachs

300 g Lachsfilet * 30 g feine Möhrenstreifen
30 g weiße Lauchstreifen * 10 g Fenchelstreifen
etwas gehacktes Fenchelkraut als Garnitur

Marinade

40 g Apfelessig * 30 ml Wasser * 1 gestr. TL Zucker
1/2 TL Salz * langer Pfeffer * Saft 1 Zitrone

Meerrettichsahne

60 g geschlagene Sahne
25 g Preiselbeeren (Glas oder Dose), püriert
fein geriebener frischer Meerrettich nach Belieben
etwas Salz

Blinis

200 g geriebene rohe Kartoffeln * 30 g Buchweizenmehl * 1 Ei
2 EL Milch * Salz, Pfeffer, Muskat * 50 ml Erdnussöl

1. Den Lachs in hauchdünne Scheiben schneiden. Gemüse in Streifen schneiden, etwas Fenchelgrün zur Seite legen.
2. Aus den angegebenen Zutaten die Marinade anrühren.
3. Die Lachsscheiben nebeneinander in eine flache Form legen. Auf jede Scheibe etwas Gemüse und Marinade geben. Alles mit Pergamentpapier abdecken und leicht andrücken, damit

wirklich der gesamte Lachs mit Marinade abgedeckt ist. 3 Stunden ziehen lassen.

4. Aus den angegebenen Zutaten die Meerrettichsahne zubereiten.
5. Aus Kartoffeln, Buchweizenmehl, Ei und Milch den Bliniteig anrühren, mit Salz, Pfeffer und Muskat würzen.
6. Das Erdnussöl erhitzen und darin acht kleine Blinis ausbacken. Auf Küchenpapier abtropfen lassen.
7. Das Gemüse aus der Schale nehmen und abtropfen lassen, die Lachsscheiben trocken tupfen.
8. Die Blinis auf Teller verteilen, mit Gemüse und Lachs belegen, mit dem Fenchelkraut garnieren und zusammen mit der Meerrettichsahne servieren.

Die magischen Eigenschaften der Zutaten

Lachsfilet – Intuition

Möhren – Erdung, Liebe

Lauch – physische Stärke

Fenchelstreifen – Schutz, Heilung

Apfelessig – Reinigung, Schutz, Heilung

Preiselbeeren (Glas oder Dose) – Schutz

frischer Meerrettich – Schutz, Fluchbrecher

Buchweizenmehl – Geld, Schutz

Salz, Pfeffer, Muskat – Gesundheit, Glück

Erdnussöl – Reichtum

Seelenkräuter und -mineralien

Die hier beschriebenen Mittel helfen sanft bei depressiven Verstimmungen. Wenn du mit ihnen nichts bewirken kannst, such einen Therapeuten auf.

Baldrian

Wenn du Angst im Dunkeln hast oder dich vor »bösen Mächten« fürchtest, versuche es mit Baldriantropfen oder -tee. Baldrian gibt Mut, Vertrauen und Gelassenheit, ohne müde zu machen. Daher ist er auch für Prüfungen geeignet.

Schüßler-Salze gegen Lustlosigkeit

Falls du dich schlapp und müde fühlst und zu nichts Lust hast, hilft das Schüßler-Salz *Ferrum phosphoricum D6*: Nimm mehrmals am Tag 1–2 Tabletten in heißem Wasser gelöst ein. Schüßler-Salze gibt es in der Apotheke.

Bachblüten für die Seele

White Chestnut hilft gegen ständig kreisende Gedanken. Um das Karussell abzustellen, nimm dreimal täglich drei Tropfen. Auch Ängste verringern sich, Gelassenheit und geistige Ruhe kehren ein.

Mimulus mildert Ängste. Bei Herzklopfen oder Kurzatmigkeit einige Tropfen auf die Zunge geben.

Star of Bethlehem ist hilfreich bei plötzlichen Ereignissen wie Kündigung oder Trennung. Wenn du in irgendeiner Weise geschockt bist, nimm diese Tropfen.

Star of Bethlehem ist ein fester Bestandteil der »Notfalltropfen« nach Dr. Bach. Diese kannst du ebenfalls nehmen, sie sind aber nur für den ersten Schock gedacht, danach sollten andere Mittel gewählt werden. Hier ist nicht der Schock gemeint, den man nach einem Unfall erfährt, das ist ein Notfall, der ärztliche Hilfe erfordert.

Kräutertees

Johanniskraut ist die Pflanze der Wahl bei depressiver Verstimmung. Bis eine stimmungsaufhellende Wirkung einsetzt, dauert es mindestens zwei Wochen.

Die folgenden Tees kannst du mehrmals am Tag trinken.

* Johanniskraut, Liebstöckel, Melisse, Ringelblume, Weißdorn zu gleichen Teilen mischen. 1 EL der Mischung mit 250 ml heißem Wasser übergießen, nach 10 Minuten abseihen.
* 2 Teile Kamille mit 1 Teil Borretschblüten, 1 Teil Zitronenmelisse, 1/2 Teil Lavendelblüten und 1/2 Teil Rosenblüten mischen. 1 EL der Mischung mit 250 ml heißem Wasser übergießen, nach 10 Minuten abseihen.

Ätherische Öle

Gib eines der folgenden ätherischen Öle in die **Duftlampe**: Neroli, Bergamotte, Jasmin, Sandelholz oder Zirbelkiefer.

Für einen **Badezusatz**, der deine Laune hebt, mische 8 Tropfen Lavendel mit 3 Tropfen Jasmin, 4 Tropfen Ylang-Ylang und 2 EL Sahne. Die Sahne sorgt dafür, dass sich die ätherischen Öle mit dem Badewasser vermischen.

Achte beim Kauf der ätherischen Öle darauf, dass es sich um hochwertige naturreine Öle handelt.

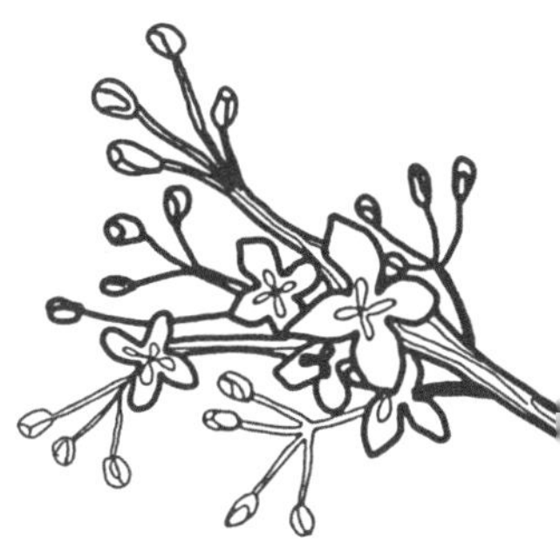

Dezember – Mond der langen Nächte

Ich schaue aus dem Fenster. Mein Blick schweift ungehindert über die weiße Landschaft. Leider … Ein wenig wehmütig denke ich an meine Kindheit zurück, wo ich durch einen zarten Eisblumenrahmen in den Schnee blickte. Kennen die heutigen Kinder das überhaupt noch? Eisblumen? Aus eigener Erfahrung?

Draußen ist es ruhig geworden. Keine Stürme mehr, keine ungezähmte Vegetation, keine spielenden Eichhörnchen oder lärmenden Stare. Kein Vogel singt. Die Bäume sind kahl, die Tiere haben sich verkrochen.

Jetzt im Advent erfasst uns die Sehnsucht nach dem Licht. Doch anders als im trüben November kommt mit etwas Glück der Schnee. Deckt sanft alles zu und bringt eine Ruhe mit, die uns nach innen blicken lässt und Hoffnung in sich trägt. Wenn jetzt langsam die weichen Flocken herniedersinken, sind Alt und Jung bezaubert. Freuen sich, in ihren warmen Stuben zu sitzen, am Ofen, mit einem Becher heißer Schokolade. Wir sind versöhnt mit der Pause, die uns der Winter auferlegt.

Das Mohnparfait für heute Abend habe ich bereits vorbereitet, es steht im Froster (siehe Seite 282). Nun packe ich mich dick ein, mit langem Daunenmantel und Handschuhen, und gehe raus. Es kommt nicht allzu oft vor, dass der Dezember sich in Winterweiß kleidet.

Die Fischteiche sind mit einer dünnen Eisschicht überzogen. Nur am Zulauf plätschert das Wasser ungehindert. Aus der Not heraus tolerieren sich jetzt offenbar Fischreiher und Eisvogel an dieser einzigen noch offenen Stelle. Und nur, weil es recht laut plätschert, habe ich das Glück, beide zu sehen, bevor sie mich bemerken.

Ich gehe weiter, vorbei an verschneiten Wiesen bis zum Moor. Da … hat sich da vor dem Knick nicht gerade etwas bewegt? Etwas Graues? Ich halte inne. Dieses Jahr gab es viele Wolfsmeldungen in Schleswig-Holstein. Obwohl Isegrim hier nicht den Platz findet, eine Familie zu gründen, ist er wohl zum Leidwesen der Schäfer oft auf Durchreise.

Der Schatten schien mir wolfsähnlich. Ich überlege, einen Umweg zu laufen. Dann reiße ich mich zusammen. Wenn es ein Wolf war, wird er vermutlich schon das Weite gesucht haben. Seine Ohren dürften deutlich sensibler sein als meine. Wir müssen uns irgendwie wieder aneinander gewöhnen, der wilde Wolf und wir gezähmten Menschen. Den Umgang miteinander lernen.

Ich will weiter bis in den Tannenwald. Meine Vorräte noch einmal aufstocken. Manchmal braucht man eben mehr als geplant. Mein Weg führt am Moor vorbei, dessen schneebestäubte Gräser ein bizarres Bild geben. Der Sumpfporst hat seine Blätter so eingerollt, dass er auf den ersten Blick eher wie ein umgedrehter vertrockneter

Rosmarin aussieht. Seine Verwandtschaft mit dem Gagelstrauch wird so deutlich. Ich hoffe sehr, dass dieser seltene Gast hier eine Chance hat und sich gut verbreiten wird. Ich bedanke mich bei ihm und gehe weiter. Dank, weil ich ihn in homöopathischer Form schon oft brauchte. »Ledum palustre« in der Potenz D4 ist mein Mittel der Wahl, wenn ich merke, dass ich anfange, auf Gott und die Welt zu schimpfen, wenn ich missmutig bin, wenn ich zornig werde und ungerecht. Dann nehme ich dreimal täglich 15 Tropfen, wenn es sein muss, über sechs Wochen.

Das kommt zum Glück nicht oft vor. Vielleicht auch, weil ich die Tropfen beim ersten Anzeichen gleich zur Hand habe.

Im Tannenwald macht mir Göttin Zufall ein kleines Geschenk. Hier liegen einige Äste auf dem Boden, die dem letzten Sturm wohl nicht standgehalten haben. Ich nehme meine Gartenschere und schneide mir ein paar zurecht. Darauf hatte ich gehofft, von einem lebenden Baum wollte ich nichts nehmen. Ein Teil der Äste wird meine Adventsdekoration bereichern, und eine Handvoll Nadeln werden zu Tee.

Lieber wäre mir »Tannenwipferltee« aus frischen Triebspitzen, doch meine Vorräte sind aufgebraucht. Also verwende ich die Dezembernadeln, sie sind nur härter und herber. Ich werde vorsichtiger dosieren und etwas Honig und Zitronensaft mit in den Tee geben. Einige Nadeln kommen kleingehackt in meine Erkältungsbadewürfel. Auch eine Idee für das spätere »Tannenbaumrecycling«.

Die Tanne erhellt das Gemüt und macht frei. Sie lässt Licht in die Seele. Genau wie Johanniskrauttee, den wir jetzt im Winter ebenfalls öfter trinken. Johanniskraut macht lichtsensibel, was an den dunklen Tagen erwünscht ist. So nehmen wir mehr Licht durch unsere Haut auf.

Mein Rückweg führt mich wieder durch den Schulwald. Kurz dahinter wächst eine Berberitze, ich pflücke eine Handvoll der kleinen roten Früchte für unseren Orangenpunsch. Das gibt eine extra Portion Vitamin C.

* * *

Zu Hause empfängt mich ein kleines Kerzenmeer. In der Weihnachtszeit sind wir Deutschen das, was wir bei den Dänen bewundern: »hyggelig«, was etwa »gemütlich, kuschelig« bedeutet. Unsere skandinavischen Nachbarn lieben Kerzenschein, und das über das ganze Jahr. Der Deutsche entschleunigt frühestens zur Weihnacht, aber auch nur, wenn er sich nicht vom Geschenkestress übermannen lässt.

Die Adventszeit, Zeit der Vorfreude, lässt in vielen von uns den Wunsch aufkommen, dass die Familie wieder näher zusammenrückt. Die Werbung weiß das und lässt Bilder mit backenden Kindern, Kaminabenden, heißer Schokolade und Naschwerk über den Äther flimmern. Begleitet von verzauberten Schneelandschaften. Das ist tatsächlich das, was unsere Seelen jetzt brauchen. Aber das können wir auch, ohne die präsentierten Artikel zu erwerben. Ich empfehle sogar, den Fernseher einfach mal auszulassen und die alten Weihnachtsgeschichten hervorzuholen.

Das Bild der glücklichen Familie lebt in jedem von uns. Die Realität sieht meistens anders aus. Damit auch schmollende Schäfchen wieder zur Herde finden oder familiäre Missverständnisse das Weihnachtsfest nicht trüben, werde ich heute Abend ein Ritual für den Familienfrieden durchführen.

Das Ritual im Dezember

RITUAL ZUR STÄRKUNG DER FAMILIÄREN BEZIEHUNGEN

Du brauchst:

* Einen weißen Umschlag
* Blaues Schreibpapier (für Heilung und Weisheit)
* Einen Schreibstift
* Einen gelben Stift (Freundschaft)
* Eine gelbe Kerze
* Ein Foto von dir und dem Familienmitglied, das du erreichen willst, auf dem ihr gut gelaunt seid
* Als Räucherwerk: Rainfarn (gegen »dicke« Luft), Rose und Königskerze

* Stelle sicher, dass du ungestört arbeiten kannst. Entzünde die Kerze.
* Jetzt nimm das blaue Papier, und schreibe auf, warum es deiner Meinung nach zu dem Missverständnis, dem Bruch oder den Spannungen kam. Schreibe in deinen eigenen Worten, dass du möchtest, dass die Familie wieder liebevoll miteinander umgehen kann und gegenseitiges Verständnis lebt. Öffne dein Innerstes, um deine Gefühle deutlich zu erklären. Dann stecke den Brief zusammen mit dem Foto in den weißen Umschlag. Schreibe mit dem gelben Stift die Adresse darauf.
* Verweile noch kurz, und sieh vor deinem geistigen Auge, wie sich die Person wieder annähert, vielleicht auch, wie ihr das kommende Weihnachtsfest harmonisch miteinander verbringt. Dann lösche die Kerze (nicht pusten!) oder lass sie an einem sicheren Ort ausbrennen.
* Den Brief verwahre an einem privaten Platz, bis eure Beziehung wieder ins Reine gekommen ist.

Sollte es größere Spannungen in der Familie geben, reicht dieses Ritual womöglich nicht aus. Du kannst es verstärken, indem du mit aufgeladenen Werkzeugen arbeitest. Lade zum Beispiel die gelbe Kerze mit Harmonie und Verständnis auf, indem du sie in deine Krafthand nimmst (Rechtshänder rechts) und dir ein Bild vorstellst: wie die Familie friedlich zusammensitzt, wie ihr verständnisvoll miteinander redet. Ritze den Namen der Person oder der Personen in die Kerze ein. Du kannst auch das Räucherwerk aufladen oder mit einem »magischen Stift«, den du nur für Ritualzwecke nutzt, schreiben. Auch das Basisritual (siehe Seite 45) als Vorbereitung hilft, dich noch tiefer einzulassen und die Magie zu erhöhen. Es gibt viele Möglichkeiten der Verstärkung. Sei kreativ. Solange es dein aufrechter Wunsch ist, die Familie wieder im Herzen zu vereinigen, kannst du nichts falsch machen. Es darf dabei nur nicht um Schuld gehen oder um Manipulation. Darum visualisiere nur das Ergebnis und nicht etwa, wie das Familienmitglied reumütig nach Hause kommt. Es kann ja sein, dass auch du dich ändern solltest.

* * *

Vielleicht war das Ritual schwer für dich. Möglicherweise hast du eigene Fehler zugeben müssen. Oder du hast versucht, eine langjährige Kluft zu überwinden. Sei stolz auf dich. Der Anfang ist gemacht. Gib der Beziehung Zeit zu heilen.

Wenn du dich belohnen möchtest, nimm vor dem Essen noch ein pflegendes Bad mit Rosenöl und Sahne.

Rezept zum Ritual

Ich decke den Tisch zum heutigen Thema. Die Stechpalmen tragen jetzt ihre wunderschönen roten Beeren und dienen mir als schützende und glückbringende Dekoration. Schwarzgoldener Weihrauch, der nach dem Essen entzündet wird, soll unser höheres Selbst ansprechen, das sich nicht in kleinen Streitigkeiten verliert, weil es über den Dingen steht. Er vermittelt Frieden und innere Ruhe. Sorgen verlieren ihre Dominanz und rücken in den Hintergrund.

Ich hole das Mohnparfait aus dem Froster. In der Duftlampe ist Zimt. Das wärmt die Herzen. Familie – ich komme!

Mohnparfait mit Löwenzahnblütenhonig

1/2 Vanilleschote * 15 g Mohn * 100 ml Milch
2 TL Löwenzahnblütenhonig * 2 Eigelb * 60 g Zucker
250 ml Sahne * gehackte Pistazien

Die magischen Eigenschaften der Zutaten

Mohn – Liebe, Schlaf, Wohlstand
Vanilleschote – Liebe, Lust, Intellektuelle Fähigkeiten
Milch – Nahrung der Mütter, Liebe
Eigelb – Manifestation, Schutz
Zucker – Liebe
Löwenzahnblütenhonig – Weissagung, Wünsche, übersinnliche Kräfte
Pistazien – Auflösung von Liebeszauber

1. Die Vanilleschote aufschlitzen und das Mark herauskratzen. Den Mohn in einem Mörser fein zerstoßen.
2. Vanilleschote und -mark mit dem fein gemörserten Mohn in die Milch geben, erhitzen und 8 Minuten kochen.
3. Zuletzt den Löwenzahnblütenhonig einrühren und kurz mit aufkochen. Die Vanilleschote entfernen.
4. Eigelbe und Zucker im heißen (nicht kochenden) Wasserbad cremig aufschlagen. Die Milch nach und nach unterrühren, dann sofort im Eiswasserbad kaltrühren.

5. Die Sahne steif schlagen und unter die Masse ziehen. Sofort in gekühlte Förmchen geben und für mindestens 7 Stunden in den Froster stellen.
6. Etwa 15 Minuten vor dem Verzehr herausnehmen, stürzen, mit Pistazien garnieren – und genießen!

Mittwinter

Die Sonne ist schon untergegangen. Ich bin auf dem Weg zur Todenbüttler Au und schaue in den sternenübersäten Himmel über den Wiesen. Nichts trübt den Blick. Die Natur hat sich vollständig in die Erde zurückgezogen, die Luft ist klar und kühl. Es gibt keine nebelverschleierten Silhouetten mehr, nur die puren, blätterlosen Strukturen trotzen den eisigen Winden. Eine Ruhe, ja fast Todesstille überzieht die Landschaft. Und dennoch: Tief drin spürt es jeder – es kommt, irgendetwas bereitet sich vor. Hoffnung keimt und Vorfreude.

Die Geburt des Lichts kündigt sich in unseren Herzen an. Das ist der Zauber der Adventszeit. Das ist der Zauber der Wintersonnenwende, die je nach Jahr auf den 21. oder 22. Dezember fällt.

Die Christen feiern Jesu Geburt. Jesus, das »Licht der Welt«. In vorchristlicher Zeit feierte man die »Wiederkehr des Lichtes«.

Feinfühlige Menschen haben jetzt die Chance, das feine Netz, das alles Leben verbindet, zu erspüren. Die Aktivität des Geistigen wahrzunehmen. Da die Natur sich zur Ruhe gelegt hat, können höhere Mächte zu uns durchdringen.

Zwischen den Jahren existiert keine Zeit. Wir können nach innen schauen und reflektieren. Dem großen Geheimnis etwas näher

kommen. Oder in die Sterne blicken und Visionen empfangen. Wir finden den Lebenssinn, weil wir keine Ablenkung haben.

Ein Reh schreitet vorsichtig witternd über die Wiese am Waldrand. Vielleicht wurde es aufgeschreckt. Vielleicht spürt es auch eine innere Unruhe, denn erst jetzt, zu Weihnachten, beginnt sich das Ei, das im August befruchtet wurde, in seinem Inneren zu entwickeln. Der Lichtfunke. Überall im Tierreich. Versuche ihn zu spüren.

Inzwischen weiß man, dass zur Weihnachtszeit die Ruhephase in den Pflanzen endet. Aber noch rührt sich das Leben nur im Verborgenen.

Wir gehen in die Zeit zwischen den Jahren, in die Raunächte, die wilde Jagd. Die Wintersonnenwende markiert in vielen Traditionen die erste Raunacht. Am 24. Dezember beginnen dann die zwölf Raunächte, die bei uns die bekanntesten sind, weil sie zwischen den Jahren liegen. Jede dieser Nächte repräsentiert einen Monat des neuen Jahres.

Zur Herkunft des Namens gibt es verschiedene Theorien. Einige glauben, er kommt von den »rauen Nächten«, also kalten, harschen Winternächten. Andere sagen, er kommt vom Mittelhochdeutschen »ruch« (haarig). Am besten gefällt mir die These, dass es vormals »Rauchnächte« waren. Denn in dieser Zeit wurde traditionell viel geräuchert.

Manche sagen, »Raunacht« kommt von »raunen«. Wieder einmal ist der Schleier zwischen den Welten dünn, und unsere lichtvollen Ahnen oder die geistige Welt haben die Möglichkeit, uns etwas »zuzuraunen«, Ratschläge zu geben.

Da aber auch unerlöste Seelen und vor allem »die Wilde Jagd« unterwegs sind, gab es für die Raunächte besondere Vorkehrungen, so sollte man in dieser Zeit zum Beispiel keine Wäsche waschen und den Müll nicht hinausbringen. Die Wilde Jagd, das sind Wotan und sein Gefolge, unerlöste Seelen und wilde Gestalten des kleinen Volkes. Sie ziehen durchs Land, erschrecken die Menschen, prüfen sie, üben aber auch Gerechtigkeit.

* * *

Das Reh verschwindet im Wald, und ich gehe langsam weiter. Der Schnee knirscht verräterisch unter meinen Sohlen. Ich brauche die Hilfe des kleinen Volkes und möchte ihm daher ein Geschäft vorschlagen. Hierbei sollte man allerdings vorsichtig sein und nicht gierig werden.

Ich mache das hin und wieder, meist im Sommer. Dann bitte ich das kleine Volk um Hilfe bei der Pflege meiner Pflanzen, als Gegenleistung gibt es kleine Kristalle und auch Speisen. Elfen und Gnome verzehren nicht die Materie, das sind eher Igel oder Vögel, sie laben sich nur energetisch an den Dingen.

Man kann auch um größere Dinge bitten, das erhöht natürlich den Einsatz. Wenn deine Speise am nächsten Tag verschwunden ist, hat das kleine Volk dein Angebot angenommen. Dabei darfst du aber nicht schummeln und das Essen zum Beispiel am normalen Vogelfutterplatz hinstellen oder dort, wo dein Hund regelmäßig Patrouille geht.

Mein Ziel ist eine kleine Senke an der Au. Der Mond scheint hell und weist mir den Weg. Etwas mulmig ist mir schon. Das kalte Winterlicht, die Stille … und ich bin allein.

Die Senke ist unberührt, in den letzten Tagen scheint niemand hier gewesen zu sein. Ich hänge ein paar Futterkugeln in die Bäume und stelle einen kleinen Teller mit Weihnachtskeksen an einen Baumstamm. Dann trage ich mein Anliegen vor. Es hängt mit diesem kleinen Waldrest zusammen, den in letzter Zeit leider einige Offroad-Motorradfans zu ihrem Spielgelände gemacht haben. Es ist ein großer Wunsch, und ich zweifle selbst für einen Augenblick an meinem Tun. Schaue gedankenversunken in Richtung Ufer. Das Ufer schaut zurück. Ich schrecke leicht zusammen. Aber kein Zweifel, dort, vom anderen Ufer schaut ein Augenpaar herüber. Ich blinzle. Das kleine Volk? Eine Fee?

Plötzlich hat mein Gegenüber es eilig. Und jetzt kann ich es auch erkennen: ein Hermelin! Meines Wissens sind sie nicht nachtaktiv. Vielleicht hat mein Tun das neugierige Tier angelockt. Der Stiftungswald erfährt keine forstwirtschaftliche Pflege und hat viele geeignete Unterschlüpfe. War sein Kommen ein Zeichen?

Meinen Rückweg trete ich entspannter an. Ich bin zuversichtlich. Die magische Zeit zwischen den Jahren macht alles möglich.

Zu Mittwinter feiern wir, dass die Dunkelheit ihren Kampf schon verloren hat, denn das Licht wird ab heute jeden Tag stärker.

Das Ritual zu Mittwinter

Es ist Zeit für eine Rückschau, seinen Schatten entgegenzutreten und ihnen die Stirn zu bieten. Wir wollen Bilanz ziehen und dann nach vorn blicken.

DAS RITUAL, UM VERGANGENES ABZUSCHLIESSEN UND KRAFT ZU TANKEN

Du brauchst:

* Die Elementesymbole für das Basisritual (siehe Seite 45)
* Ein Schälchen Weih- oder Quellwasser
* Einen kleinen Kräuterstrauß, um es zu versprengen
* Eine schwarze Kerze
* Eine weiße Kerze
* Räucherwerk nach Belieben: Tanne, Zeder, Wacholder, Sandelholz (klassisch), Beifuß (Schutz), Johanniskraut (Licht) und Lärchenharz (Neuanfänge) würden sich gut eignen
* Mehrere Zettel
* Schreibstift
* Eine feuerfeste Schale

* Beginne mit dem Basisritual (siehe Seite 45).
* Nachdem du dich verbunden hast, spüre die Energie des Erdbodens zu dieser Zeit der Wintersonnenwende. Fühle die Stille und die Ruhe, die die Erde durchdringt. Taste dich vor bis zur Dunkelheit und spüre sie, fühle das langsame Fließen in den Wurzeln und Stängeln. Erkunde die kaum wahrnehmbare Bewegung der Energie im Boden und in den Wurzeln, während die Welt darüber im Schlaf liegt.

* Zuerst segnest du dein Zuhause. Dazu nimm die Wasserschüssel und den Kräuterstrauß und begehe die Räume deiner Wohnung im Uhrzeigersinn. Fange im Ritualraum an, sprenge ein paar Wassertropfen in jede Raumecke und sage zum Beispiel: »Möge unser Wohnzimmer gesegnet sein, und mögen sich hier nur wohlgesinnte Menschen treffen. Es erstrahle im Glanz von Liebe, Kraft und Vertrauen.« Gehe so durch alle Räume, die du segnen möchtest, und erfülle sie mit positiver Kraft. Du kannst den Text frei abwandeln, speziell auf deine Familie oder eben die Nutzung des Raumes zuschneiden (im Bad werdet ihr euch kaum treffen wollen, aber vielleicht entspannen). Wenn du wieder am Ritualplatz angelangt bist, sprich:

»Gesegnet ist jetzt dieses Heim,
nur Gutes kommt hier noch herein.«

- Setz dich wieder vor die Elementesymbole. Stelle links von dir die schwarze Kerze auf, daneben die feuerfeste Schale und rechts die weiße Kerze. Entzünde die Kerzen und das Räucherwerk.
- Sitze für einen Moment ruhig und schaue in die Kerzen. Zunächst geht es darum, Altes abzuschließen. Überlege, an welchen Ereignissen du dich innerlich noch aufreibst. Was willst du endlich hinter dir lassen? Nimm Papier und Stift und schreibe alles auf. Lass dir Zeit. Vielleicht möchtest du auch nicht immer wieder den gleichen Fehler machen oder auf das Gleiche hereinfallen – schreib es auf.
- Wenn du meinst, du hast alles erfasst, entzünde den Zettel an der schwarzen Kerze, sieh, wie die Flamme sich durch das Papier frisst und das Alte endgültig in Luft auflöst. Wirf das Papier rechtzeitig in die Feuerschale, nicht dass du noch einen Brand entfachst.
- Hol einmal tief Luft, lass auch innerlich los. Lass es hinter dir. Dann wende dich der weißen Kerze zu und schaue eine Weile in die Flammen. Überlege, was du im neuen Jahr anders oder besser machen möchtest. Vielleicht willst du ja auch was Neues ausprobieren. Male dir das neue Jahr aus, stell dich in den Situationen vor, die du erleben möchtest. Dann nimm dir erneut ein Blatt Papier und schreibe auch diese nieder.

* Wenn du das getan hast, kannst du diese Wünsche und Ziele an der weißen Kerze entzünden und sehen, wie sie nach oben in die geistige Welt getragen werden. Du kannst sie aber auch aufheben, um vielleicht gelegentlich einmal einen Blick darauf zu werfen und dich so zu motivieren.
* Bedanke dich bei den Elementen. Lass die schwarze und weiße Kerze an einem sicheren Ort oder nach und nach in den kommenden Nächten ausbrennen. Wenn du die Wunschzettel aufheben möchtest, lege sie in ein schönes Behältnis oder an einen schönen Platz.

Jetzt wirst du hungrig sein. Freu dich auf weihnachtlichen Kabeljau!

Kabeljau mit Lebkuchenbröseln in Rotwein

600 g Kabeljau mit Haut * 1 TL süßer Tafelsenf
40 g Butter * 50 ml Fischfond, kräftig * 100 ml Rotwein
etwas Zitronensaft * 20 g Lebkuchenbrösel
Einige Blättchen Thymian * Salz, langer Pfeffer * 1 EL Petersilie
100 ml Sahne * 1 Eigelb

Die magischen Eigenschaften der Zutaten

Kabeljau mit Haut – Intuition
süßer Tafelsenf – intellektuelle Fähigkeiten
Salz, langer Pfeffer – Reinigung, Schutz
Thymian – Mut, übersinnliche Fähigkeiten, Liebe
Lebkuchenbrösel – Durch die Gewürze: rundum magisch
Petersilie – Lust, Schutz
Eigelb – Manifestation

1. Den Backofen auf 180 Grad C vorheizen.
2. Den Fisch entschuppen, abspülen, trocken tupfen. Auf beiden Seiten mehrmals einschneiden und mit dem Senf bestreichen.
3. 20 g Butter in einer feuerfesten Pfanne erhitzen und den Fisch vorsichtig anbraten.
4. Mit Fischfond, Rotwein und Zitronensaft übergießen, mit Lebkuchenbröseln und Thymianblättchen bestreuen. Salzen und pfeffern.

5. Die übrige Butter in Flöckchen auf dem Fisch verteilen und zum Schluss die Petersilie daraufstreuen.
6. Die Pfanne mit Alufolie abdecken und den Fisch im Backofen insgesamt 25 Minuten garen. Nach 15 Minuten die Folie entfernen.
7. Den Fisch aus der Pfanne nehmen und warm stellen.
8. Den Fond auf dem Herd aufkochen und reduzieren. Die Sahne mit dem Eigelb mischen, den Fond damit binden.

Tipp

Dazu passen Salzkartoffeln.

Nach dem Essen kannst du wie an Samhain für Frau Holle, die Ahnen und die Hausgeister Opferspeisen vor die Tür stellen. Damit erbittest du ihren Segen und ehrst sie.

Was vom Essen der Feierlichkeiten übrig bleibt, wird den Obstbäumen zu Füßen gelegt. Denk dabei aber auch an Schnaps oder Tabak.

Geh in die Nacht hinaus und entzünde ein Räucherstäbchen (es gibt inzwischen große für den Garten) und eine Kerze für die Ahnen.

Wenn du den klaren Nachthimmel genossen hast, kannst du dir eine Karte oder Rune für das neue Jahr ziehen. Oder lade Weihnachtskarten und Geschenke mit Liebe auf.

Ersteres empfiehlt sich auch schon ein paar Tage vorher, du musst sie ja noch absenden.

Ich wünsche dir ein erfolgreiches und magisches Jahr!

Januar – Wolfsmond

Es ist klirrend kalt. Ich wickle mir den Schal mehrfach um den Hals, sodass nur noch Augen und Nase hervorschauen. Die Sonne geht gerade auf. Die goldene Stunde beginnt. Nicht nur Fotografen schätzen die Stunde nach Sonnenauf- oder vor Sonnenuntergang wegen der besonderen Stimmung, die dem Licht und den Farben geschuldet ist, auch Hexen und Zauberwesen genießen die Zeit, die vom Menschen unberührt scheint. In der Dämmerung sind all die Tiere aktiv, die wie ich die Begegnung mit der Zivilisation scheuen. Zugegeben, im Winter ist es nicht so leicht, einsame Sonnenaufgänge zu erleben. Immerhin schiebt sich die goldene Scheibe erst gegen acht Uhr über den Horizont. Aber die Witterung sorgt dafür, dass die Menschen zu dieser Stunde geheizte Räume bevorzugen.

So ist mein Kräutergang auch heute, an diesem frostklaren Morgen, ungestört. Nachdem ich in den Raunächten Altes und Dunkles hinter mir gelassen habe, lädt mich der Januar ein, mein Leben neu zu ordnen. Dafür muss ich mir zunächst einen Überblick schaffen. Ich werde heute Abend Innenschau halten und aufräumen. Innen wie außen. Mein Sammeltäschchen ist klein. Ich habe nur ein paar Butterbrotbeutel und Gefrierbeutel bei mir. Um diese Jahreszeit scheint die Natur im Tiefschlaf und recht sparsam mit ihren Gaben.

Doch wer genau hinsieht, wird eines Besseren belehrt: Da warten sie schon, die ersten Knospen, prall und voller Mineralstoffe. Haselnuss und Erle wandern in meine Tüten. Knospen bergen noch Geheimnisse, an denen sich die Wissenschaft die Zähne ausbeißt. Besonders das Meristemgewebe, die »unsterblichen« Zellen, haben es mir angetan. Sie sitzen an den Wurzelspitzen und in den Knospen und sterben nicht. Aus ihnen wächst die Pflanze. Während jede andere Pflanzenzelle einen festgelegten Lebenszyklus hat, gibt es die Meristemzelle so lange, wie es die Pflanze gibt. Die »Gemmotherapie« (Gemmo = Knospe) macht sich das Geheimnis dieser Wuchs- und Heilkraft zunutze und verarbeitet Knospen nach einem ganz speziellen Verfahren, um dieses Potenzial zu erhalten.

Mir werden die Knospenkräfte pur und als Tee hilfreich sein und im Knospensalz (siehe Seite 50) sogar über das Jahr zur Verfügung stehen. Leise bedanke ich mich und lasse eine kleine Opfergabe da. Ich sammle nur wenig von einer Pflanze und verschone die Haupttriebe.

Auch der alten knorrigen Weide statte ich einen Besuch ab, um etwas Rinde zu sammeln. Getrocknet und als Abkochung nutze ich sie für ein schmerzlinderndes Gurgelwasser, das bei Hals- und Zahnfleischproblemen hilft. Ich setze mich für einen Moment auf den Stamm einer durch Windbruch gestürzten Fichte und sehe auf die vereiste Au. Tief ziehe ich die klare Luft ein, schließe die Augen und lausche dem leisen Plätschern unter dem Eis. Die Gedanken beruhigen sich, ziehen sich zurück, überlassen ihren Platz der Wahrnehmung. Der Januar ist perfekt für Klarheit und Neuordnung. Er schenkt Ruhe und Harmonie. Wer lauschen kann, der wird geführt.

Ich erhebe mich mit ruhigem Gemüt und geschärften Sinnen. So fällt mir auch gleich eine alte Verletzung der Fichte auf, an der sich Harz gesammelt hat. Das werde ich zu einem heilenden Öl verarbeiten (siehe Seite 310). Mutter Natur meint es heute gut mit mir.

Der Rückweg führt mich durch einen verwilderten Garten. Ich sammle Birnenknospen für meine Hausapotheke, sie ergeben einen guten Tee bei Magenproblemen. Apfelbaumrinde von fingerdicken Ästen werde ich für ein Schönheitsbad trocknen. Auch eine Sauerkirsche beschenkt mich mit ihrer Rinde, die ich für ein Stärkungsbad nutzen werde (siehe Seite 311). Aber nicht nur das: Zu meinem

großen Entzücken entdecke ich auch eine dicke Träne kostbaren Kirschharzes, das in meiner Naturkosmetik Verwendung finden wird. Ein abgebrochener Kiefernast findet ebenfalls den Weg in meinen Vorrat. Den kleinen Strauß Birkenzweige für mein Ritual habe ich bereits vor einigen Tagen gesammelt. Er steht in der Vase und lässt die ersten Blattspitzen sehen.

Zu Hause angekommen, verstaue ich meine Ernte und stelle den Kiefernast ins Wohnzimmer. Hier wird er mit seinem dezenten Duft für gesunde Raumluft sorgen. Ein Balsam für die Bronchien.

Nun bereite ich mich für das Ritual vor. Es ist etwas aufwändiger, weil es auch Einsatz im Haushalt verlangt.

Das Ritual im Januar

Das Ziel des Januar-Rituals ist die Reinigung und die Zielsetzung für das neue Jahr. Wenn du das vor dir liegende Jahr planst und dich von den letzten dunklen Gedanken und Energien reinigen möchtest, musst du auch in der nicht-magischen Welt ein Zeichen setzen. Daher gehört zum Januar-Ritual auch ein Hausputz, bei dem du Altes und Überholtes wegwirfst. Fange heute mit einem Bereich an, zum Beispiel mit dem Kleiderschrank, und mache in den nächsten Tagen weiter. Du kannst dabei immer wieder mal sagen: »*Heute befreie ich mich von allem Negativen.*« Dein Unterbewusstsein mag symbolische Handlungen. Wenn du nicht alles schaffst, was du dir vorgenommen hattest, so ist das nicht schlimm. Der Anfang ist gemacht.

Die Mahlzeit verstärkt die Kräfte des Rituals, wenn du sie mit dieser Absicht zubereitest. Heute gibt es Steinbutt auf Porreebett (siehe Seite 306). Stell dafür den Lauch, die Zwiebeln sowie die schwarzen Nüsse auf deinen Küchenaltar. Den Fisch kannst du kurz vor dem Zubereiten für ein paar Minuten dazustellen.

Schmücke den Altar mit Dingen, die für dich Klarheit und Ordnung symbolisieren. Die Farbe Weiß sollte vorherrschen. Ich habe zum Beispiel einen Schneekristall und eine kleine Glaspyramide gewählt, ein Teelicht brennt in einem Kristallhalter. Geometrische Formen runden mein Arrangement ab. Du kannst die Symbolik auch gerne abwandeln. Es geht darum, was dein Unterbewusstsein anspricht.

RITUAL ZUR REINIGUNG UND ZIELSETZUNG

Du brauchst:

* Die Elementesymbole für das Basisritual (siehe Seite 45)
* Birkenzweige
* Eine weiße Kerze, die du mit deinem Lieblingsduft eingerieben hast
* Eine Liste mit deinen Plänen für dieses Jahr
* Wenn du magst: reinigendes und schützendes Räucherwerk wie Beifuß, Salbei oder Wacholder

* Wenn dein Ritualplatz vorbereitet ist, nimm eine reinigende Dusche. Stell dir vor, wie der Wasserstrahl alles Belastende einfach von dir abspült. Alles Weltliche darf für die Zeit des Rituals in der Obhut von Mutter Erde bleiben. Um Ungelöstes kannst du dich später kümmern.
* Nach dem Duschen cremst du dich ein und stellst dir vor, wie sich dadurch um dich herum ein leuchtender Schutzschild aufbaut. Bekleide dich heute nur leicht, da du ein Reinigungsritual durchführen wirst. Viele Hexen haben Kleidung, die sie nur zu Ritualen anziehen, so können sie sich noch besser auf das magische Werk fokussieren.

Gehe zu deinem Ritualplatz. Jetzt beginnt das eigentliche Basisritual, die Beschreibung findest du auf Seite 45.

Wenn du dich mit dem Basisritual eingestimmt hast, fährst du fort mit dem heutigen Ziel der Reinigung und Zielsetzung.

* Tritt vor den Ritualplatz (oder den Platz, an dem du die Elementesymbole aufgebaut hast), entzünde die weiße Kerze und reinige dich nochmals symbolisch, indem du dich sanft mit den Zweigen schlägst.
* Beginne am Hals und sprich: »Ich reinige mich von alten Mustern und Gewohnheiten, ich reinige mich von negativen Gedanken und Gefühlen, und ich reinige mich von der Vergangenheit, auf dass meine Seele zu neuem Leben erwacht, wie die Birke im Frühling.«

* Dann schlage dir sanft an den Bauch und sage: »Ich lasse die Einsamkeit los, und Liebe wird in mein Leben treten, wie neues Leben durch die Mutter die Welt betritt.«
* Nun schlage auf deine Füße und sprich: »Ich befreie mich von Trägheit und Unlust. Motivation und Lebenskraft durchströmen mich, wie die Frühlingssäfte den Maibaum.«

Am wirkungsvollsten sind die Streiche mit der Birke auf nackter Haut, daher wäre es optimal, wenn du für diesen Teil des Rituals nur leicht bekleidet bist. Danach kannst du dich wieder richtig anziehen.

* Nimm die Zweige und reinige deine Wohnung. Beginne in jedem Zimmer im Osten und gehe im Uhrzeigersinn im Kreis. Dabei schlage mit den Zweigen an die Wände und an große Möbel und stell dir vor, wie du die Restenergien des letzten Jahres vertreibst.
* Danach verbrenne die Zweige im Kamin oder später im Garten. Solltest du keine Möglichkeit dazu haben, übergib die Äste der Erde oder einem fließenden Gewässer. Das kannst du auch am nächsten Tag machen, bringe die Zweige aber jetzt aus der Wohnung.
* Schau nun auf deine Liste mit den Plänen für das kommende Jahr, halte sie kurz an dein Herz und meditiere vor der Kerze eine Weile über deine Pläne. Danach lösche die Kerze mit den

Fingern. Lösche auch die Kerze, die für das Element Feuer steht, bedanke dich bei den Elementen und deinem Schöpfer und bereite dein Mahl.

Rezept zum Ritual

Bei der Zubereitung der Mahlzeit halte dir das Ziel des Rituals vor Augen, das sich in der Wahl der Zutaten widerspiegelt.

Steinbutt auf Porreebett

2 Schalotten * 80 g Butter (Raumtemperatur)
4 Steinbuttfilets mit Haut * Salz * langer Pfeffer * 2 EL Sherry
1/4 l Fischfond * 4 Porreestangen * 200 ml Sahne
7 eingelegte schwarze Walnüsse

Die magischen Eigenschaften der Zutaten

Steinbuttfilets – Das Unbewusste, das aus den Tiefen (des Wassers) ans Licht dringt
Porree – Schutz und Reinigung
Schalotten – Schutz und Reinigung
Butter – Besänftigt, für Spiritualität
Fischfond – Intuition
Salz, langer Pfeffer – Schutz und Reinigung
schwarze Walnüsse – Erhöhen die außersinnliche Wahrnehmung

1. Den Backofen auf 180 Grad C vorheizen. Die Schalotten hacken. Eine Auflaufform mit 1 Teelöffel Butter einfetten. Du kannst »Reinigung« oder »Inspiration« mit dem Finger in die Butter schreiben.
2. Die Schalotten in der Form verteilen und die Fischfilets mit der Hautseite nach unten nebeneinander hineinlegen. Mit Salz und Pfeffer würzen. Sherry und Fischfond angießen.

3. Alles mit einem gebutterten Pergamentpapier abdecken und 10 Minuten im Ofen garen. Auch hier kannst du, wenn du magst, wieder »Reinigung« oder eines deiner Ziele in die Butterschicht schreiben.
4. Den Porree der Länge nach halbieren und nur das Weiße in dünne Scheiben schneiden. In 20 g Butter andünsten, salzen, pfeffern und warm halten.
5. Die Auflaufform aus dem Ofen nehmen und den Steinbutt warm halten.
6. Die Garflüssigkeit in einen Topf füllen und bei starker Hitze einkochen lassen. Sahne dazugeben und so lange köcheln lassen, bis eine cremige Konsistenz erreicht ist. Abschmecken, vom Herd nehmen und die restliche Butter in kleinen Flocken unterschlagen.
7. Den Porree auf vorgewärmte Teller verteilen, den Fisch abziehen und darauflegen. Die Sauce darübergießen und die Nüsse in Scheiben dekorieren.

Genieße den Fisch und freue dich, dass du den alten Ballast los bist und dir heute Nacht und in den nächsten Tagen Ideen und Erkenntnisse kommen, die dich ein Stück weiterbringen werden. Nach dem letzten Bissen erheb dein Glas auf den Januar, auf Janus, den Gott des Anfangs.

In den folgenden zwölf Nächten setze dich am Abend mit deiner Liste vor die Kerze, um zu meditieren. Spiele mit den Möglichkeiten. Stell dir verschiedene Wege vor. Bevor die Kerze ganz heruntergebrannt ist, übergib die Liste den letzten Flammen und freue dich auf das Kommende. Falls nötig, lass die Kerze und die Asche an einem sicheren Ort ausbrennen.

Burgunderöl (Fichtenharzöl)

1/4 l Olivenöl

5 TL Fichtenharz (Tanne, Lärche oder Kiefer geht auch)

Das Öl vorsichtig erwärmen, das Harz hinzugeben und darin auflösen. Nicht zu heiß werden lassen. Wenn alle Harzstückchen aufgelöst sind, die Flüssigkeit durch ein Sieb geben und abfüllen.

Burgunderöl wärmt und hüllt ein. Der Schutzmantel der Fichte legt sich wie eine mütterliche Umarmung um die Seele. Das Öl kann direkt auf den Körper aufgetragen oder ins Badewasser gegeben werden. In Cremes und Lotionen ist es hilfreich bei Erkältungen, rheumatischen Beschwerden und zum Entspannen.

Du kannst das Öl zusätzlich mit positiven Energien prägen, wenn du diese auf die Glasflasche schreibst (z.B. Schutz, Heilung). Symbole hierfür gehen natürlich auch.

Tipp

Die abgeseihten klebrigen Rindenreste lassen sich gut zum Räuchern verwenden.

Wohltuende Bäder

Die Rinde der Kirsche und des Apfelbaums wird getrocknet. Die Abkochung der Rinde wird als Badezusatz verwendet.

Dafür 100 g Rinde in kaltem Wasser aufkochen, etwa 5 Minuten kochen lassen, dann abgießen und den Sud zum Badewasser geben.

Ein »Apfelbad« macht die Haut zart und schön, ein »Kirschenbad« wirkt stärkend und aufmunternd.

Schlusswort

Du hast dich jetzt einen Jahreslauf mit Ritualen und Magie beschäftigt. Sicherlich hast du noch Fragen, die das Büchlein ob seines Umfangs nicht beantworten konnte. Vielleicht wunderst du dich auch, warum wir zum Beispiel nie einen Kreis gezogen haben.

Die Rituale sind bewusst einfach gehalten. Für den magischen Alltag braucht es keine großen Anrufungen. Es sind die vielen kleinen Handlungen, die dein Leben verzaubern. Das kann damit anfangen, dass du nach dem Aufstehen alles segnest, zum Beispiel mit *»Alles was meine Hände berühren, meine Füße betreten und meine Augen betrachten, möge gesegnet sein!«*.

Ja, auch unangenehme Mitmenschen werden in diesen Segen mit einbezogen. Es wird sie etwas weiterbringen auf ihrem Weg und ein kleines bisschen »heller machen«. Sollte es sich bei deinem Gegenüber um ein unbelehrbares Exemplar handeln, dann fällt der Segen auf dich zurück.

Wenn du deine Tage so beginnst, wird das nach und nach mehr Glanz in dein Leben bringen.

Es gibt einen Eingeborenenstamm, der einen Wald »besingt«, wenn dieser krank ist. Sobald sie ihn durchqueren, wird gesungen. Auch das ist eine positive Schwingung, die sich durch viele Kehlen als machtvoller Strom über den Wald ergießt.

Diese Art Magie, mit einfachen kurzen Ritualen, haben meine Vorfahren gelebt. Du kennst das vielleicht auch. Sprüche, die man beim Essenzubereiten aufsagt. Oder bei Gewitter. Beispiele gibt es viele! Wenn man einen Schornsteinfeger sieht … Der Übergang von Brauchtum zu Ritual ist fließend.

Natürlich kann man auch komplexere Rituale ausführen. Das bietet sich vor allem an Feiertagen an. Hier danken wir unseren Schöpfern oder dem Universum oder einfach Mutter Erde.

Bei großen Problemen kann ein intensiveres Ritual vonnöten sein. Womöglich ist es dann auch ratsam, andere Kräfte (aber niemals dunkle) anzurufen. Da möchte ich dich aber bitten, dies versierten Hexen, Magiern oder Schamanen zu überlassen. Als unerfahrener Neuling könntest du unerwünschte Ergebnisse erzielen, die nicht umkehrbar sind.

Lass deine Magie wachsen und wachse mit ihr. Denk immer daran: Die Kräuter, Steine und das Räucherwerk sind Werkzeuge. Die eigentliche Macht kommt immer von dir.

Einmal fragte mich eine Verkäuferin in einem Esoterikladen, warum sie denn so krank sei, sie sei doch ständig inmitten all dieser guten Schwingungen. Das könne doch alles nur Humbug sein. Da könnte es drei Gründe geben:

* Die »Werkzeuge« müssen auch benutzt werden. Das heißt, ich muss die Intention haben, die Steine oder Engelsstatuen um

mich herum aufzubauen, damit sie mir ihre positiven Energien übertragen.

* Ich muss bereit sein, mich weiterzuentwickeln. Nicht erst seit Louise Hay wissen wir, dass Körper und Seele zusammengehören und Krankheiten meist seelische Gründe haben. Ich persönlich neige zu der Ansicht, dass eine Krankheit oder eben die »Bereitschaft« zu einer Krankheit immer einen seelischen Grund hat.
* Es kann aber auch sein, dass die Krankheit ihr Weg ist. Dass sie (unbewusst) oder eine höhere Macht das aus guten Gründen so wollen.

Bei Letzterem können wir nichts machen. Ich habe das bisher aber noch nicht erlebt.

* * *

Der Mensch hat seinen freien Willen bekommen und hat viel Einfluss auf sein Dasein. Dabei bedarf es oft nur einer Veränderung des Bewusstseins und nicht der Situation.

In diesem Sinne möchte ich das Büchlein beenden und dir noch ein kleines Teeritual überlassen. Es ist ganz einfach und wird sich mit steigender Praxis in deinen Alltag integrieren.

TEERITUAL

Wann immer du ein Problem oder einen Wunsch hast, brühe dir eine Tasse Tee auf. Ja, auch Kaffee könnte man nehmen. Er ist ebenfalls eine Pflanze, die in Maßen genossen sogar sehr gesund ist.

Optimal wäre ein Kraut, das dich bei deinem Ansinnen unterstützt. Wenn du dich damit noch nicht auskennst, folge deiner Intuition. Du hast all das Wissen in dir, du musst es nur wiederentdecken. Intuition braucht Übung, um sich zu schärfen.

Wenn du dir den Tee gekocht hast, ob nun »blond«, um energetisch zu wirken, oder ganz einfach klassisch, dann nimm einen Glasstab (Zauberpflanzen mögen kein Eisen, ich mag kein Plastik) und rühre um. Solche Glasstäbe gibt es zum Beispiel zu Grog- und Punschgläsern oder im Laborbedarf. Beim Rühren rezitierst du:

»Ich wünsche mir (deinen Wunsch einsetzen) einfach und leicht,
Dazu mir dieses Getränk gereicht,
Ich erwarte Erfüllung, ganz im Vertrauen.
Und genieße den Tee, er wird mich erbauen.«

Selbstverständlich kannst du auch dieses Sprüchlein abwandeln.

Ich wünsche dir viel Freude
auf deinem neuen, spannenden Weg.

Danksagung

Ich fürchte, man vergisst immer irgendjemanden, dem man danken möchte. Aber dieses Büchlein wäre definitiv nicht entstanden ohne diese Menschen:

Meinen Literaturagenten Martin Brinkmann, der die Hexe in mir zwischen den Zeilen entdeckt hat und mich davon überzeugen konnte, die magische Welt mit anderen zu teilen.

Meine Lektorin Caroline Colsman, die mich an die Hand nahm und ins pulsierende Verlagsleben führte. Sie hatte immer ein motivierendes Wort, wenn meine Muse mich mal verließ. Vermutlich weiß sie das gar nicht, denn ich schreibe sehr zurückgezogen.

Meinen Mann Gernot, der mir oft den Rücken freihielt, mit mir auf Kräuterjagd ging und mich während meiner Schreibblockaden ertragen musste.

Das Foodfotografenteam, bestehend aus Maria Großmann, Monika Schuerle und Lukas Großmann. Sie haben mit einer Texteweberin, die vom Bildaufbau so gar nichts versteht, viel Geduld bewiesen und wirklich großartige Fotos geschossen. Es hat großen Spaß gemacht, ich habe viel gelernt, werde aber bei meinen Leisten bleiben. Euch kann man nicht toppen.

Die vielen lieben Menschen, die mir auf die eine oder andere Art beigestanden haben, die ich aber nicht alle hier nennen kann. Das gilt vor allem auch für die kreativen Köpfe des Kailash-Verlages, die im Hintergrund gearbeitet haben und von denen ich nur die Früchte ihrer Arbeit kenne.

Euch allen meinen tiefen Dank!

Über die Autorin

© Ute Boeters

Gabriele Meier verspürte bereits von Kindesbeinen an eine Leidenschaft für die Natur, ihre Kräuter und deren heilende Wirkung. Auch im Erwachsenenalter behielt sie ihr Hobby bei und vertiefte ihr Wissen durch ein Studium zur Herbalistin in Großbritannien. Auf ihren beliebten Kräuterwanderungen, in Seminaren und Workshops sowie in ihrem Blog »earthwitch« gibt sie ihr Know-how weiter. Seit über 20 Jahren lebt und arbeitet die Autorin in einem kleinen Dorf in Schleswig-Holstein.

Sachregister

Rezeptregister

Bezugsquellen

Einen zauberhaften getöpferten **SALBENOFEN** für die Herstellung magischer und auch pflegender Balsame gibt es bei: Sabine Schörgruber, https://www.loamundkraeutl.at

Mit diesem Öfchen kannst du die gesammelten Kräuter und Pflanzen zu wunderbaren Salben und Cremes verarbeiten.

Ein gutes, gesundes und preiswertes **MINERALSALZ** gibt es von der Firma Sanisal. Meersalz ist ja leider wegen der Mikroplastikteilchen kaum noch zu empfehlen. Besonders vom Verzehr des berühmten »Fleur de Sel« wird abgeraten, weil der Herstellungsprozess oft mehr Plastik als Salz im Produkt hinterlässt.

Näheres zum Salz der Erde findest du hier: http://www.sanisal.de

Wenn du auch in die Zunft der **WASSERBRENNERINNEN** aufgenommen werden möchtest, dann schau hier: Barbara Kircher-Storch, Hebammenpraxis & Heilpflanzenschule »Im Rosengarten«, E-Mail: info@heilpflanzen-hebamme.de

Es ist nicht nötig, Hebamme zu sein oder eine Ausbildung dazu anzustreben. Barbara gibt ihr umfangreiches Kräuterwissen an jede(n) Interessierte(n) weiter.

RITUALBEDARF findest du hier: http://www.sorciere.de/index.html